SPANISH made FUN and EASY
Book 2
For Ages 10 - Adult

Written by

Kathleen Fisher
and
Kathrane Wilcoxon

Fisher Hill Huntington Beach California

Published by FISHER HILL
5267 Warner Avenue, #166
Huntington Beach, CA 92649-4079

Made in the U.S.A.

Publisher's Cataloging in Publication

Fisher, Kathleen S., 1952-
Spanish made fun and easy book 2: for ages 10-adult / by Kathleen Fisher and Kay Wilcoxon. --1st ed.
p. cm.
Includes bibliographical references and index.
ISBN 1-878253-46-8

1. Spanish language--Self instruction. 2. Spanish language--Textbooks for foreign speakers--English. I. Wilcoxon, Kathrane, 1924- II. Title.

PC4112.5.F57 2006 v.2 468.2'421
QBI94-1490

Table of Contents

Introduction

This book was written for the beginning student; for the person who wants to brush up on Spanish; or for the Spanish speaker who wants to learn how to read and write Spanish. It is for ages ten to adult. Book Two is a continuation of Book One.

There are twelve lessons in the book. Each lesson deals with a common theme, i.e., Breakfast, Telling Time, etc. At the end of the book are two dictionaries: Spanish-English and English-Spanish.

Each lesson is divided into eight parts. First, there is a vocabulary list. Beginning Spanish is included as well as the vocabulary of the particular theme. The definite article is placed in front of each Spanish noun on the list letting the student know whether it is a feminine or masculine noun. Then there is a conversation in order to use the vocabulary in a common situation. Next is a story related to the theme which reinforces the vocabulary and the conversation. The fourth page of each lesson is an exercise that requires choosing a word from the vocabulary list and then writing it in a sentence that is missing that word. The next three pages are a variety of activity pages. At the end of each lesson are the answers to the exercises.

It is recommended that the student do one lesson per week but the pupil can go through the book more rapidly if he or she so desires. The speed at which the student learns Spanish depends on the student. It would be useful to read the conversation and story out loud to gain smoothness.

Also, the student should listen to television in Spanish. In the beginning the pupil should listen to ads, cartoons, and news. It is very important to listen to and speak with Spanish speakers. This will help the student greatly. He or she will be able to practice Spanish and also improve his or her accent. No one is ever going to learn Spanish without practice. Children learn quickly to speak another language. The reason for this is that most children are not bothered by the mistakes they make in speaking. It is important to take advantage of every opportunity to speak.

Teacher's Guide

Each lesson includes the following pages. Below are activities and ideas for each page.

Vocabulary Page
- teacher, student helper, or tutor pronounces the Spanish words and the students repeat
- the words from the vocabulary list can be used for a weekly spelling test
- students write each word three or five times
- students write sentences or a story using the vocabulary words

Conversation Page
- teacher, student helper, or tutor reads the conversation in Spanish and the students repeat
- students read the conversation together each taking a different part

Story Page
- teacher, student helper, or tutor reads one sentence at a time and the students repeat
- students read the story quietly to themselves
- students act out the story putting in their own Spanish dialog

Fill in the Blank and other Activity Pages
- students do these pages on their own
- different students go up to the board to write the answers while the other students correct their work
- students check their work with the **Answer Key**

Puzzle Fun
At the end of the book are puzzles. Each puzzle uses the vocabulary words from two lessons. (The first WordSearch uses vocabulary words from Lessons 1 and 2.) These puzzles provide extra practice for the students.

Related Activities
- in small groups, students make up and put on short skits about the lesson's theme using Spanish dialog
- students draw, paint, or create pictures about the lesson's theme and then explain or discuss their pictures in Spanish
- students talk about their own personal experience as it relates to the lesson's theme
- students write about their own personal experience as it relates to the lesson's theme and then read their stories to the group

Spanish Pronunciation Guide

Spanish is a phonetic language. Most letters in the Spanish alphabet make one sound. Most words are spelled like they are pronounced.

The Spanish alphabet has 30 letters. The underlined letters are not in the English alphabet.

a b c ch d e f g h i j k l ll m n ñ o p q r rr s t u v w x y z

K and **W** are only found in words of foreign origin.

The following is a basic and beginning pronunciation guide. It does not included everything about Spanish pronunciation but enough to get you started.

Spanish Letter	Sound of the Spanish Letter
Vowels	
a	like the *a* in f**a**ther
e	like the *e* in b**e**d
i	like the *i* in pol**i**ce
o	like the *o* in **o**pen
u	like the *oo* in f**oo**d
Consonants	
b and v	makes the sound of *b* as in **b**ig; makes the sound of *v* as in **v**ein when *b* or *v* comes between two vowels
c before a, o , u	makes the sound of *c* as in **c**an
c before e, i	makes the sound of *c* as in **c**ircle

ch	makes the sound of *ch* as in **ch**urch
d	makes the sound of *d* as in **d**og; makes the sound of *th* as in **th**ey when the *d* falls between two vowels as in ciu**d**ad
f	makes the sound of *f* as in **F**rank
g before a, o, u	makes the sound of *g* as in **g**um
g before e, i	makes the sound of *h* as in **h**ello
h	is silent as in honest
j	makes the sound of *h* as in **h**ello
k	only used in words of foreign origin
l	similar to the English *l* as in **l**ook
ll	makes a sound of *ll* as in bi**ll**ion
m	similar to the English *m* as in **m**y
n	similar to the English *n* as in **n**ight
ñ	makes the sound of *n* as in o**n**ion
p	similar to the English *p* as in **p**ig
qu	similar to the sound of the English *k*
r	The Spanish *r* is not similar to the English *r*. It requires a single flip of the tongue tip against the roof of the mouth. If the *r* is at the beginning of a word or preceded by l, n, or s then the *r* makes a strongly trilled sound.
rr	trilled *r*
s	similar to the English *s*
t	similar to the *t* in **t**on

w	not used in words of Spanish origin
x	similar but not identical to the English *x*
y	makes the sound of *y* as in sunn**y**
z	similar to the English *s* sound

Diphthongs

ai, ay	makes the sound of *i* as in m**i**ce
ei, ey	makes the sound of *ay* as in l**ay**
oi, oy	makes the sound of *oy* as in b**oy**
au	makes the sound of *ow* as in c**ow**

Accent or Stress

The three rules below tell you where to stress or emphasize Spanish words.

1. Stress the last syllable of the word if it ends in any consonant except *n* or *s*.
2. When the last syllable ends in a vowel or *n* or *s* stress the next to the last syllable.
3. If the emphasis does no follow Rules 1 or 2, then an accent mark is used to show which syllable is stressed.

Lección 1 El Almuerzo
Lesson 1 Lunch

Lista de Vocabulario	Vocabulary List
1. hamburguesa	1. hamburger
2. chocolate	2. chocolate
3. ¿que quiere pedir? pedir	3. to order
4. papas fritas	4. French fries
5. hamburguesa con queso	5. cheeseburger
6. ketchup	6. ketchup
7. batido	7. milkshake
8. encontrar (encuentro)	8. to find
9. mesa	9. table
10. paja /el popote	10. straw also hay.
11. servilletas	11. napkins
12. coca cola	12. coke

Conversación

1. Enrique, ¿qué quieres comer? (Luz)
2. Quiero una hamburguesa, papas fritas y una coca cola. (Enrique)
3. Anna, ¿qué quieres? (L)
4. Quiero una hamburguesa con queso y papas fritas. (Anna)
5. ¿Qué quieres tomar? (L)
6. Quiero un batido de chocolate. (A)
7. Me meteré en fila para pedir mientras ustedes dos encuentran una mesa. (L)
8. O.K. Agarraré el ketchup para nosotros. (E)
9. Agarraré las pajas y servilletas. (A)

Conversation

1. Enrique, what do you want to eat? (Luz)
2. I want a hamburger, French fries, and a coke. (Enrique)
3. Anna, what do you want? (L)
4. I want a cheeseburger and French fries. (Anna)
5. What do you want to drink? (L)
6. I want a chocolate milkshake. (A)
7. I'll stand in line to order while you two find a table. (L)
8. O.K. I'll get the ketchup for us. (E)
9. I'll get the straws and napkins. (A)

Historia

Almuerzo en casa

María está en su casa con cuatro de sus hijos para el almuerzo. Es sábado. Miguel, su esposo, está en una práctica de fútbol con dos de sus hijas. Para el almuerzo, María y sus hijos comen sándwiches de mantequilla de cacahuate y mermelada, sopa, zanahorias, leche y naranjas. A María le gusta conversar con sus hijos. No ven la televisión durante el almuerzo. Después del almuerzo, Manuel, el hijo de María que tiene 9 años, lava los platos.

Story

Lunch at Home

Maria is at home with four of her children for lunch. It is a Saturday. Miguel, her husband, is at soccer practice with two of their daughters. For lunch, Maria and her children have peanut butter and jelly sandwiches, soup, carrots, milk, and oranges. Maria likes to talk with her children. They do not watch television during lunch. After lunch, Manuel, her son who is nine years old, does the dishes.

Fill in the Blank * Llene el Espacio

Fill in the blanks using the vocabulary words. Use each word once.

1. Favor de poner la mostaza y el ________________ en la mesa.
2. Por favor ayuda a tu hermana a poner los platos en la ____ .
3. ¿Quieres un batido de vainilla o de ____________ ?
4. Por favor ayúdame a ________________________ las llaves.
5. ¿Qué quieres tomar, una coca cola o un ________ de leche?
6. ¿Se usa un tenedor para comer ______________ ?
7. ¿Qué quieres ______________________________ ?
8. ¿Quieres una ________________ para el almuerzo?
9. ¿Qué clase de soda quieres? Yo quiero una

   ____ .
10. ¿Quieres una ________________ o un sándwich de mantequilla de cacahuate y mermelada?
11. Por favor compra ____________________ de papel en la tienda.
12. A él le gusta tomar coca cola con una __________ .

Nouns and the Definite Article

All nouns ending in *-dad, -tad, -tud, -umbre, -ción*, and *-sión* are feminine. All nouns that end in a consonant form the plural by adding *-es*. For example, *ciudad* becomes *ciudades*.

Complete the following sentences using *la, las, el, los*.

1. ________ dirección está en la mesa.
2. ________ batidos son de chocolate.
3. ¡ _______ papas fritas están calientes!
4. ________ ciudad es interesante.
5. ________ universidad es grande.
6. ________ mesa está en la cocina.
7. ________ servilletas son azules.
8. ________ libertad es importante.

Rewrite the following sentences in the plural.

9. La canción es bonita.

   ____

10. La hamburguesa está en la mesa.

    ____

11. La paja es roja.

    ____

12. La condición es mala.

    ____

Feminine Nouns Beginning with *a*

Certain feminine nouns that begin with the vowel sound *a* use the masculine definite article *el* when the first syllable is stressed. It would be difficult to pronounce the two vowels together if the definite article *la* were used. In the plural the article *las* is used. The words are always considered feminine.

Rewrite the following sentences in the singular.

1. Las áreas están cercas.

 ____

2. Las hachas están en la casa.

 ____

3. Los hermanos están en la escuela.

 ____

4. Las alas son bonitas.

 ____

5. Las águilas son grandes.

 ____

6. Los exámenes son difíciles.

 ____

7. Las armas son peligrosas.

 ____

8. Las aguas están sucias.

 ____

Masculine Nouns Ending in *-a*

There are some masculine nouns that end in *a*. Many nouns ending in *-ista* refer to professions and are masculine when referring to a male.

el mapa map	el día day	el poema poem
el clima climate	el programa program	el dentista dentist
el novelista novelist	el periodista journalist	el dietista dietist
el sistema system	el tema theme	el drama play

Complete the following sentences with a word from the box. Use each word once.

1. ________ ________________________ escribe muchas novelas.
2. El pueblo no está en ________ ________________________ .
3. ________ ________________ de televisión empieza a las ocho.
4. ________ ________________________________ es miércoles.
5. ________ ____________________________ en la isla es tropical.
6. ________ ________________________ escribe muchos artículos para las revistas.
7. ________ ________________________trabaja cerca de su casa.
8. ________ ______________sabe mucho acerca de la nutrición.
9. ________ ________________________________ es muy bonito.
10. ________ ____________________ tiene lugar en la escuela.
11. ________ ________________ del gobierno necesita cambiar.
12. ________ __________________ del libro es muy interesante.

Answer Key * Las Respuestas

Fill in the Blank * Llene el Espacio (page 4)

1. ketchup
2. mesa
3. chocolate
4. encontrar
5. batido
6. papas fritas
7. pedir
8. hamburguesa con queso
9. coca cola
10. hamburguesa
11. servilletas
12. paja

Nouns and the Definite Article (page 5)

1. La
2. Los
3. Las
4. La
5. La
6. La
7. Las
8. La
9. Las canciones son bonitas.
10. Las hamburguesas están en la mesa.
11. Las pajas son rojas.
12. Las condiciones son malas.

Feminine Nouns Beginning with *a* (page 6)

1. El área está cerca.
2. El hacha está en la casa.
3. El hermano está en la escuela.
4. El ala es bonita.
5. El águila es grande.
6. El examen es difícil.
7. El arma es peligrosa.
8. El agua está sucia.

Masculine Nouns Ending in *-a* (page 7)

1. El novelista	7. El dentista
2. el mapa	8. El dietista
3. El programa	9. El poema
4. El día	10. El drama
5. El clima	11. El sistema
6. El periodista	12. El tema

Lección 2 La Cena
Lesson 2 Dinner

Lista de Vocabulario	Vocabulary List
1. menú	1. menu
2. tener hambre	2. hungry
3. tener sed	3. thirsty
4. cocinar	4. to cook
5. cerveza	5. beer
6. agua	6. water
7. pan	7. bread
8. ensalada	8. salad
9. bistec	9. steak
10. traer	10. to bring
11. baño	11. restroom
12. pasta	12. pasta

Conversación	Conversation
1. José, ¡este es un restaurante muy bonito! (Luz)	1. Jose, isn't this a pretty restaurant! (Luz)
2. Sí que lo es, Luz. (José)	2. Yes, Luz. It is. (Jose)
3. Hola, mi nombre es Lucy. Soy su mesera. Aquí tienen el menú. (mesera)	3. Hello, my name is Lucy. I will be your waitress. Here is a menu. (waitress)
4. Gracias. (L)	4. Thank you. (L)
5. ¿Qué desean tomar? (m)	5. What do you want to drink? (W)
6. Tengo sed. Voy a tomar una cerveza. (J)	6. I'm thirsty. I will have a beer. (J)
7. Yo quiero agua. (L)	7. I'll have water. (L)
8. Traeré pan con sus bebidas. ¿Qué desean comer? (m)	8. I'll bring some bread with your drinks. What do you want to eat? (w)
9. Yo quiero pasta con una ensalada. (L)	9. I want the pasta with a salad. (L)
10. Yo quiero un bistec con un plato de sopa. ¿Dónde está el baño? (J)	10. I want the steak with a bowl of soup. Where is the restroom? (J)
11. Está allá. (m)	11. It's over there. (w)

Historia

Cena en casa de María

Miguel prepara la cena. Él cocina sopa de bistec. También hace ensalada y pan. María regresa del trabajo a las 6 en punto. La familia cena a las 7 en punto. Los niños beben leche. Miguel y María beben agua. A la familia le gusta la sopa, la ensalada y el pan. Durante la cena, ellos hablan sobre la escuela y el trabajo. Después de la cena, Manuel y su hermana Marta hacen la limpieza. Catalina va a práctica de fútbol. Los otros niños juegan con el bebé.

Story

Dinner at Maria's House

Miguel cooks dinner. He cooks steak soup. He also makes salad and bread. Maria comes home from work at 6 o'clock. The family eats dinner at 7 o'clock. The children drink milk. Miguel and Maria drink water. The family likes the soup, salad, and bread. At dinner, they talk about school and work. After dinner, Manuel and his sister, Marta clean-up. Catalina goes to soccer practice. The other children play with the baby.

Fill in the Blank * Llene el Espacio

Fill in the blanks using the vocabulary words. Use each word once.

1. Necesito un ____________________ para encontrar que quiero pedir.
2. Su hermano la va a __________________________ a casa.
3. A ella le gusta el ___________________ con mermelada.
4. Es la hora de comer. ¿ ___________________________ ?
5. Quiero una ____________________________ de verduras para el almuerzo.
6. A ella no le gusta beber _____________________________ por la mañana.
7. Mi padre quiere ____________________________________ la hamburguesa.
8. La familia quiere ________________________ para cenar.
9. ¿Quieres una hamburguesa o un ___________________ para cenar?
10. Si tomas tres tazas de agua, necesitarás ir al ____ .
11. María quiere leche. Ella ____________________________ .
12. No tenemos leche. Toma una taza de ____________ .

Nouns Ending in *-e*

Many nouns ending in *-nte* refer to people and the gender of the noun is determined by the sex of the person. Most nouns ending in *-e* are masculine. Below are some common nouns that end with *-e* but are feminine.

la calle street	la clase class	la noche night
la llave key	la leche milk	la suerte luck

Rewrite the following sentences in the plural.

1. La cantante no está aquí.

   ____

2. El coche es rojo.

   ____

3. El parque tiene muchas flores.

   ____

4. El estudiante está en la biblioteca.

   ____

5. La llave está en la puerta.

   ____

6. El postre es delicioso.

   ____

7. La calle es ancha.

   ____

8. La noche es fría.

   ____

The Definite Article

The definite article is used with all general or abstract nouns. The definite article can mean *on* when used with the days of the week.

Complete the following sentences with the correct definite article: *el, la, los, las*.

1. Comemos pasta ______________________ sábados.
2. ______________________ perros son animales domésticos.
3. ______________________ martes es el tercer día de la semana.
4. ______________________ oro es un mineral.
5. ______________________ matemáticas son importantes.
6. ______________________ lunes es el segundo día de la semana.
7. ______________________ ensalada tiene muchos tomates.
8. ______________________ viernes es mi día favorito de la semana.
9. ______________________ vida es dura.
10. ______________________ otoño es mi estación favorita.
11. ______________________ gallinas producen huevos.
12. Mi hermano mayor cocina ______________________ miércoles.
13. Mi familia va a la iglesia ______________________ domingo.

Cardinal Numbers

once 11	doce 12	trece 13	catorce 14
quince 15	dieciséis 16	diecisiete 17	dieciocho 18
diecinueve 19	veinte 20	veintiuno 21	veintidós 22
veintitrés 23	veinticuatro 24	veinticinco 25	veintiséis 26
veintisiete 27	veintiocho 28	veintinueve 29	treinta 30
treinta y uno 31	cuarenta y dos 42	cincuenta y tres 53	sesenta y cuatro 64
setenta y cinco 75	ochenta y seis 86	noventa y siete 97	cien (ciento) 100

Write the following sentences in Spanish.

1. I have one hundred straws.

____

2. I need twenty-five blue napkins.

____

3. The girls order fifteen cheeseburgers.

____

4. The boy finds twenty dollars in the street.

____

5. Maria's mother cooks pasta for fifty people.

____

6. Jose brings twelve bottles of beer.

____

7. The baby sleeps eleven hours every night.

____

8. The daughter lives thirty-five miles from her parents.

____

Answer Key * Las Respuestas

Fill in the Blank * Llene el Espacio (page 12)

1. menú
2. traer
3. pan
4. Tienes hambre
5. ensalada
6. cerveza
7. cocinar
8. pasta
9. bistec
10. baño
11. tiene sed
12. agua

Nouns Ending in *-e* (page 13)

1. Las cantantes no están aquí.
2. Los coches son rojos.
3. Los parques tienen muchas flores.
4. Los estudianes están en la biblioteca.
5. Las llaves están en la puerta.
6. Los postres son deliciosos.
7. Las calles son anchas.
8. Las noches son frías.

The Definite Article (page 14)

1. los
2. Los
3. El
4. El
5. Las
6. El
7. La
8. El
9. La
10. El
11. Las
12. los
13. el

Cardinal Numbers (page 15)

1. Tengo cien pajas.
2. Necesito veinticinco servilletas azules.
3. Las muchachas piden quince hamburguesas con queso.
4. El muchacho encuentra veinte dólares en la calle.
5. La madre de María cocina pasta para cincuenta personas.
6. José trae doce botellas de cerveza.
7. El bebé duerme once horas cada noche.
8. La hija vive a treinta y cinco millas de sus padres.

Lección 3 Ir de Compras
Lesson 3 Shopping

Lista de Vocabulario	Vocabulary List
1. comprar	1. to buy
2. zapatos	2. shoes
3. necesitar	3. to need
4. blusa	4. blouse
5. camisa	5. shirt
6. vendedor	6. salesperson
7. ¿Cuánto cuesta(n)?	7. How much?
8. pantalones de mezclilla	8. jeans
9. chaqueta	9. jacket
10. caro(a)	10. expensive
11. falda	11. skirt
12. talla	12. size

...versación

1. ... de compras.

2. ...necesito una falda y una blusa nuevas. (Anna)

3. Yo necesito una falda y una blusa nuevas. (Enrique)

4. Me gusta esta falda roja. ¿Cuánto cuesta? (A)

5. Cuesta $24.00. (vendedor)

6. ¡Esta falda está cara! (E)

7. Enrique, estos pantalones son de tu talla. (L)

8. ¿Cuánto cuestan estos pantalones? (E)

9. Cuestan $14.00. (v)

10. ¿Dónde están las chaquetas? (E)

11. Están en el segundo piso. (v)

Conversation

1. Let's go shopping. (Luz)

2. I need a new skirt and blouse. (Anna)

3. I need jeans and a jacket. (Enrique)

4. I like this red skirt. How much is it? (A)

5. It is $24.00. (salesperson)

6. That skirt is expensive! (E)

7. Enrique, these pants are your size. (L)

8. How much are these pants? (E)

9. They are $14.00. (s)

10. Where are the jackets? (E)

11. They are on the second floor. (s)

Historia

¿Cuánto cuesta?
¿Cuanto cuestan?

Compra de zapatos

cuesta —
cuestan —

María y Raúl van a comprar zapatos. Raúl necesita zapatos para la escuela. Van a la zapatería del centro comercial. La tienda está al lado de Burger King. Primero almuerzan. Luego van a comprar zapatos. Hay mucha gente en la tienda. María y Raúl ven los zapatos. Raúl escoge un par que le gusta. Se sientan y esperan a una vendedora. La vendedora mide el pie de Raúl. La vendedora trae un par de zapatos negros. Los zapatos le quedan a Raúl. A Raúl le gusta su nuevo par de zapatos.

Story

Shopping for Shoes

Maria and Raul go shopping for shoes. Raul needs shoes for school. They go to the shoe store in the shopping mall. The store is next to Burger King. First, they eat lunch. Then they go to buy shoes. There are many people in the store. Maria and Raul look at the shoes. Raul picks out a pair he likes. They sit down and wait for a salesperson. The salesperson measures Raul's foot. The salesperson brings out a pair of black shoes. The shoes fit. Raul likes his new pair of shoes.

Fill in the Blank * Llene el Espacio

Fill in the blanks using the vocabulary words. Use each word once.

1. La ____________________ azul de mi hermano está demasiada grande para mí.
2. Tus ____________________ son de mi talla.
3. ¿Qué ____________________ son?
4. Todos mis hermanos y hermanas tienen ____________________ negros.
5. Hace frío. Necesitas una ____________________ .
6. Él va a ____________________ un carro nuevo.
7. ¿ ____________________ cuesta?
8. Es demasiado ____________________ .
9. Él no ____________________ un carro nuevo.
10. La ____________________ es muy bonita.
11. Ella tiene una ____________________ roja.
12. Su blusa es roja. Su ____________________ también.

Cardinal Numbers

doscientos 200	trescientos 300	cuatrocientos 400	quinientos 500
seiscientos 600	setecientos 700	ochocientos 800	novecientos 900
mil 1000	dos mil 2000	cinco mil 5000	mil once 1011

When writing large numbers *y* is used only between the tens and ones digits. The word *mil* is never pluralized. The word *mil* is never preceded by *un*.

ciento cuarenta y siete 147	trescientos ochenta y dos 382
quinientos sesenta y nueve 569	setecientos noventa y cuatro 794
novecientos cincuenta y uno 951	dos mil 2000
cinco mil 5000	nueve mil 9000
mil trescientos ochenta y cinco 1385	mil seiscientos once 1611
mil novecientos setenta y tres 1973	mil quinientos cuatro 1504

***Un* is used with *millón* and *billón*. *Millón* and *billón* are pluralized.**

un millón 1,000,000	dos millones 2,000,000	cinco millones 5,000,000
un billón 1,000,000,000	cuatro billones 4,000,000,000	ocho billones 8,000,000,000

Write the following numbers in Spanish.

1. 8 ocho
2. 15 ~~dies y cinco~~ quince
3. 18 dieciocho
4. 47 cuarenta y siete
5. 71 setenta y uno
6. 99 noventa y nueve
7. 108 ciento ~~y~~ ocho
8. 129 ciento viente ~~y~~ nueve
9. 587 quiniento ochenta y siete
10. 911 novecintos ~~y~~ once
11. 2001 dos mil ~~y~~ uno
12. 1492 un mil ~~quatr.~~ cuatrocientos ~~y~~ noventa y dos.
13. 1,000,000 un millon
14. 2,000,000,000 dos billones.

Ordinal Numbers

Ordinal numbers are less frequently used in Spanish than in English. The ordinal numbers beyond the tenth are very seldom used. Ordinal numbers agree in gender and number with the nouns they modify. *Primero* and *tercero* are shortened before a masculine singular noun. They become *primer* and *tercer*.

primero first	segundo second
tercero third	cuarto fourth
quinto fifth	sexto sixth
séptimo seventh	octavo eighth
noveno ninth	décimo tenth

Write the following sentence in Spanish.

1. The third blouse is blue.

   ____

2. I like the first skirt.

   ____

3. September is the ninth month of the year.

   ____

4. This is my fourth coke.

   ____

5. June is the sixth month of the year.

   ____

6. The first boy in line is the oldest.

   ____

7. The third book is my favorite.

   ____

Demonstrative Adjectives

The demonstrative adjective *este* is *this* in English. It has four forms.

este zapato	estos zapatos	esta blusa	estas blusas

There are two ways to express the demonstrative adjective *that* in Spanish. *Ese* is used when the object is near the person spoken to but not the speaker. *Aquel* is used when the object is far from both the person spoken to and the speaker.

ese carro	esos carros	esa chaqueta	esas chaquetas
aquel postre	aquellos postres	aquella falda	aquellas faldas

Rewrite the following sentences in the singular.

1. **Aquellas blusas son muy bonitas.**

   aquella blusa es muy bonita

2. **Esas camisas son nuevas.**

   Ese camisa es nueva

3. **Esos libros son interesantes.**

   Ése libro es interesante

4. **Estos carros están sucios.**

   Este carro está sucio

5. **Aquellos zapatos son verdes.**

   aquelle zapato es verde.

6. **Estas faldas son caras.**

   está falda es cara

7. **Estos mapas son viejos.**

   este mapa es viejo.

Answer Key * Las Respuestas

Fill in the Blank * Llene el Espacio (page 20)

1. camisa
2. pantalones de mezclilla
3. talla
4. zapatos
5. chaqueta
6. comprar
7. Cuánto
8. caro
9. necesita
10. vendedora
11. blusa
12. falda

Cardinal Numbers (page 21)

1. ocho
2. quince
3. dieciocho
4. cuarenta y siete
5. setenta y uno
6. noventa y nueve
7. ciento ocho
8. ciento veintinueve
9. quinientos ochenta y siete
10. novecientos once
11. dos mil uno
12. mil cuatrocientos noventa y dos
13. un millón
14. dos billones

Ordinal Numbers (page 22)

1. La tercera blusa es azul.
2. Me gusta la primera falda.
3. Septiembre es el noveno mes del año.
4. Esta es mi cuarta coca cola.
5. Junio es el sexto mes del año.
6. El primer muchacho en fila es el mayor.
7. El tercer libro es mi favorito.

Demonstrative Adjectives (page 23)

1. Azuella blusa es muy bonita.
2. Esa camisa es nueva.
3. Ese libro es interesante.
4. Este carro está sucio.
5. Aquel zapato es verde.
6. Esta falda es cara.
7. Este mapa es viejo.

Lección 4 El Tiempo
Lesson 4 Weather

Lista de Vocabulario	Vocabulary List
1. cálido	1. warm
2. nublado	2. cloudy
3. soleado (va a estar)	3. sunny
4. ponerse (reflexive)	4. to wear / put on
5. lluvia (llover)	5. rain
6. ¿Quién?	6. Who?
7. mucho viento	7. windy
8. frío	8. cold
9. paraguas	9. umbrella
10. llevar	10. to take / wear
11. guantes	11. gloves
12. botas	12. boots

mal aliento – bad breath

Conversación

1. Hoy hace frío. Necesitas ponerte una chaqueta para ir a la escuela. (María)
2. No quiero ponerme una chamarra. (Raúl)

to seem

3. Parece que va a llover. Necesitas llevar un paraguas. (Ma)
4. ¿Dónde está mi paraguas? (R)
5. Yo quiero ponerme mis botas. (Manuel)
6. Está bien. Están en el armario. (Ma)
7. ¿Dónde están mis guantes? (M)
8. No hace tanto frío. (Ma)
9. Ayer estaba cálido y soleado. Hoy está frío y nublado. (R)
10. Aquí están tus libros y tarea. No brinques en los charcos de camino a la escuela. (Ma)

Conversation

1. It is cold today. You need to wear a jacket to school. (Maria)
2. I don't want to wear a jacket. (Raul)
3. It looks like rain. You need to take an umbrella. (Ma)
4. Where is my umbrella? (R)
5. I want to wear my boots. (Manuel)
6. OK. They are in the closet. (Ma)
7. Where are my gloves? (M)
8. It is not that cold. (Ma)
9. Yesterday it was warm and sunny. Today it is cold and cloudy. (R)
10. Here are your books and homework. Don't jump in the puddles on your way to school. (Ma)

Historia

En campamento

La familia de José está acampando. Hoy el día es cálido y soleado. Los niños usan sus trajes de baño y juegan en el agua. Ellos llevan sus toallas al lago. Ana encuentra lindas rocas en el lago. José usa una gorra y Luz usa un sombrero. Todos se pusieron bloqueador solar. A Luz le gusta el clima cálido y soleado. Ellos se sientan bajo su sombrilla. El agua es fría pero el sol está caliente. Almuerzan y beben sodas frías. Ayer estaba nublado y con mucho viento. José está contento de que no llovió. A todos les gusta el clima cálido y soleado cuando están en el lago.

Story

Camping

Jose's family is camping. Today it is warm and sunny. The children wear their bathing suits and play in the water. They take towels to the lake. Ana finds pretty rocks at the lake. Jose wears a cap and Luz wears a hat. Everyone wears sunscreen. Luz likes warm and sunny weather. They sit under their sun umbrella. The water is cold but the sun is hot. They eat lunch and drink cold sodas. Yesterday it was cloudy and windy. Jose is glad that it did not rain. Everyone likes warm and sunny weather when they are at the lake.

Fill in the Blank * Llene el Espacio

Fill in the blanks using the vocabulary words. Use each word once.

1. Mi nariz está roja de ________________________.
2. La ________________________ verdea el zacate.
3. Ella quiere ________________ su vestido nuevo.
4. Me encanta un ________________ día de verano.
5. Está ________________________. Va a llover.
6. ¿Se usan ______________________ en los pies?
7. ¿Se usan ____________________ en las manos?
8. Su ______________________________ es negro.
9. ¿ ____________________ quiere hamburguesas?
10. Nos gusta jugar cuando está ________________.
11. Quiero estar en casa cuando hace frío y

    ____.
12. Por favor __________________________ a casa.

Verbs

In Spanish, subject pronouns such as *I, you, he*, are relatively unimportant. It is the ending of the verb that indicates the doer of the action. In Spanish the verb ending changes in order to indicate the tense of the verb.

In Spanish, there are four ways to express the pronoun *you.*

tú	when addressing a friend, relative, or close associate
Ud. (abbreviation for Usted)	when addressing someone you do not know well or someone older
Uds. (abbreviation for Ustedes)	when addressing two or more people, either friends or mere acquaintances
Vosotros	when addressing two or more friends, but is only used in Spain

Present Tense/Regular First Conjugation Verbs

Regular first conjugation verbs are verbs that end in *-ar*. To form the present tense of *-ar* verbs the infinitive ending *-ar* is dropped. To the root are added the personal endings.

yo (I)	-o	nosotros (we)	-amos
tú (you)	-as	vosotros (you plural)	-áis
él, ella, Ud, (he, she, you)	-a	ellos, ellas, Uds. (they masculine, they feminine, you plural)	-an

Use the words in the box to complete the sentences. Use the correct personal ending of the present tense.

comprar (to buy)	hablar (to speak)	mirar (to look at)
cocinar (to cook)	tomar (to drink)	necesitar (to need)

1. Mis amigas cocinan español.
2. Tu mamá mira~~n~~ veinte servilletas azules.
3. Tú hablas a mucho café con leche.
4. Mi hermano y yo tomamos vestidos azules.
5. Yo necesito la televisión.
6. Mi abuelo mira ~~[illegible]~~ la cena cada noche.

Verbs/Present Tense

Regular First Conjugation Verbs

Rewrite the following sentences in the singular.

1. Ellos miran el mapa de los Estados Unidos.

____

2. Los niños toman la cena a las seis.

____

3. Los muchachos compran chaquetas muy caras.

____

4. Nosotros necesitamos zapatos nuevos.

____

5. Uds. cocinan comida deliciosa.

____

Rewrite the following sentences in the plural.

6. Yo compro botas para la lluvia.

____

7. Ella mira la lluvia por la ventana.

____

8. Tú hablas al doctor por teléfono.

____

9. El papá cocina hamburguesas para la cena.

____

Verbs/Present Tense
Irregular Verbs

There are many irregular verbs. *Ir*, *dar*, and *estar* are irregular in the first person singular (yo) in the present tense. All other forms are the same as those for regular *-ar* verbs.

ir – voy, vas, va, vamos, vais, van
dar – doy, das, da, damos, dais, dan
estar – estoy, estás, está, estamos, estáis, están.

Rewrite the following sentences in the singular (yo).

1. Vamos al cine.

 ____

2. Damos los guantes a los niños.

 ____

3. Estamos en la casa.

 ____

4. Vamos al baño.

 ____

5. Estamos enfermos.

 ____

Write the following sentences in Spanish.

6. I give my umbrella to my sister.

 ____

7. The boots in the garden are dirty.

 ____

8. The green skirts are on the table.

 ____

Answer Key * Las Respuestas

Fill in the Blank * Llene el Espacio (page 28)

1. frío
2. lluvia
3. ponerse
4. cálido
5. nublado
6. botas
7. guantes
8. paraguas
9. Quién
10. soleado
11. mucho viento
12. llevame

Verbs (page 29)

1. hablan
2. necesita
3. tomas
4. compramos
5. miro
6. cocina

Verbs/Present Tense - Regular First Conjugation Verbs (page 30)

1. Él mira el mapa de los Estados Unidos.
2. El niño toma la cena a las seis.
3. El muchacho compra chaquetas muy caras.
4. Yo necesito zapatos nuevos.
5. Tú cocinas comida deliciosa.
6. Nosotros compramos botas para la lluvia.
7. Ellas miran la lluvia por la ventana.
8. Ustedes hablan al doctor por teléfono.
9. Los papás cocinan hamburguesas para la cena.

Verbs/Present Tense - Irregular Verbs (page 31)

1. Voy al cine.
2. Doy los guantes a los niños.
3. Estoy en la casa.
4. Voy al baño.
5. Estoy enfermo(a).
6. Doy mi paraguas a mi hermana.
7. Las botas en el jardín están sucias.
8. Las faldas verdes están en la mesa.

Lección 5 Animales Domésticos
Lesson 5 Pets

Lista de Vocabulario	Vocabulary List
1. perro	1. dog
2. gato	2. cat
3. tienda de mascotas	3. pet store
4. alimentar	4. to feed
5. cepillar	5. to brush
6. provisiones	6. supplies
7. gatito	7. kitten
8. grande	8. big
9. collar	9. collar
10. cachorro	10. puppy
11. correa	11. leash
12. porque	12. because

Conversación

1. ¡El sábado vamos a conseguir nuestro cachorro nuevo! (Enrique)

2. Será divertido tener un perro. (José)

3. Tendremos que cuidar bien a nuestro perro. (E)

4. Vamos a la tienda de mascotas para comprar provisiones. (J)

5. Necesitaremos dos tazones, una para agua y el otro para alimento. También necesitaremos una correa y un collar. (E)

6. No olvidemos comprar alimento y una cama para él. (J)

7. No olvides un cepillo y un peine. Necesitamos cepillarlo una vez a la semana. (Ana)

8. Ése será un buen trabajo para ti. (E)

Conversation

1. On Saturday we get our new puppy! (Enrique)

2. It will be fun to have a dog. (Jose)

3. We will need to take good care of our dog. (E)

4. Let's go to the pet store to buy supplies. (J)

5. We will need two bowls, one for water and the other for food. We will also need a leash and collar. (E)

6. Let's not forget to buy food and a bed for it. (J)

7. Don't forget a brush and comb. We need to comb it once a week. (Ana)

8. That will be a good job for you. (E)

Historia

Gordo, el gato

María tiene un gato que se llama Gordo. Es un gato gordo. Lo consiguió cuando era un gatito, pero entonces también se veía gordo. Se ve gordo porque tiene tanto pelo. María lo alimenta en la mañana antes de ir al trabajo. También lo cepilla. Los niños de María también quieren tener un perro pequeño. María piensa que los perros son más difíciles de cuidar. Conseguirá un perro cuando sus niños sean mayores porque podrán ayudar a alimentar y a cuidar las mascotas. Los gatos y los perros son mucho trabajo, pero pueden ser cariñosos y divertidos.

Story

Gordo the Cat

Maria has a cat named Gordo. He is a big cat. She got him when he was a kitten, but he looked fat then too. He looks fat because he has so much hair. Maria feeds him in the morning before she goes to work. She also brushes him. Maria's children want to have a small dog too. She thinks dogs are harder to take care of. She will get a dog when her children are older because they can help to feed and care for the pets. Cats and dogs are lots of work, but they can be loving and fun.

Fill in the Blank * Llene el Espacio

Fill in the blanks using the vocabulary words. Use each word once.

1. Nuestro ______________________________ nuevo es el hermano del perro de José.
2. ______________________ a mi perro por las mañanas.
3. María tenía a Gordo desde que él era ____________.
4. Pablo trabaja __________________________ necesita ganar dinero.
5. No es buena idea tocar un _______________________ que tú no conoces.
6. En el parque, hay que tener al perro con _________ .
7. Mi ___________________________ es pequeño y tiene ojos verdes y bonitos.
8. José pone la correa en el ________________________ de su perro.
9. ¿Se puede comprar peces en la _________________?
10. Luz ____________________________ su cabello antes de ir al trabajo.
11. José no querrá comer la cena si come un almuerzo _________________________ .
12. ¿Qué tipo de __________________ necesitamos para el viaje?

Verbs/Present Tense

Regular Second Conjugation Verbs

Regular second conjugation verbs are verbs that end in *-er*. To form the present tense of *-er* verbs the infinitive ending *-er* is dropped. To the root are added the personal endings.

yo (I)	-o	tú (you)	-es
él, ella, Ud, (he, she, you)	-e	nosotros (we)	-emos
vosotros (you plural)	-éis	ellos, ellas, Uds. (they masculine, they feminine, you plural)	-en

Use the words in the box to complete the sentences. Use the correct personal ending.

aprender (to learn)	beber (to drink)	comer (to eat)
correr (to run)	leer (to read)	ver (to see)

1. Mi perro ____________________ en el parque.
2. Mis gatos ____________________ la leche cada día.
3. Tú ____________________ muchos libros en la biblioteca.
4. Mi hermana y yo ____________________ español.
5. Yo ____________________ huevos y pan para el desayuno.
6. Mi abuela ____________________ el periódico cada noche.
7. Los gatitos ____________________ la comida por la mañana.
8. Mi amigo y yo ____________________ mucha agua.
9. Yo ____________________ flores en las montañas.
10. Los cachorros ____________________ un gato en el jardín.

Verbs/Present Tense
Regular Third Conjugation Verbs

Regular third conjugation verbs are verbs that end in *-ir*. To form the present tense of *-ir* verbs the infinitive ending *-ir* is dropped. To the root are added the personal endings.

yo (I)	-o	tú (you)	-es
él, ella, Ud, (he, she, you)	-e	nosotros (we)	-imos
vosotros (you plural)	-ís	ellos, ellas, Uds. (they masculine, they feminine, you plural)	-en

Use the words in the box to complete the sentences. Use the correct personal ending.

abrir (to open)	escribir (to write)	vivir (to live)
subir (to climb, raise)	salir (to go out)	recibir (to receive)

1. Ella ______________________________ la tienda de mascotas a las diez por la mañana.
2. El muchacho ____________________ el autobús por la tarde.
3. Yo _________________________________ una carta a mi abuela.
4. ¿ ____________________________________ tú cerca del parque?
5. Mi amiga y yo ________________________________ la escalera.
6. Yo _________________________ muchos paquetes por correo.
7. Tú no _____________________ el libro porque estás enfermo.
8. Mi hermano ____________ un cachorro para el cumpleaños.
9. Nosotros ____________________________ en una casa grande.
10. Mis padres _________________________________ a cenar fuera.

Verbs/Present Tense
Irregular Verbs

There are many irregular verbs. *Poner, hacer, traer, salir* are irregular in the first person singular (yo) in the present tense. All other personal endings are the same as those for regular *-er* and -ir verbs.

poner (to put) – pongo, pones, pone, ponemos, ponéis, ponen
hacer (to do) – hago, haces, hace, hacemos, hacéis, hacen
traer (to bring) – traigo, traes, trae, traemos, traéis, traen
salir (to leave) – salgo, sales, sale, salimos, salís, salen

Rewrite the following sentences in the singular (yo).

1. Salimos para la tienda de mascotas.

   ____

2. Traemos las paraguas.

   ____

3. Hacemos mucho trabajo.

   ____

4. Ponemos la mesa.

   ____

5. Salimos a tiempo para la escuela cada día.

   ____

Fill in the blank with the correct form of the indicated verb.

6. Ellos ________________ una correa para el perro. (traer)
7. Tú ____________________ demasiado en la bolsa. (poner)
8. Carlos _____________________________ en seguida. (salir)
9. Mis hermanas ______________________ sus tareas. (hacer)

Answer Key * Las Respuestas

Fill in the Blank * Llene el Espacio (page 36)

1. cachorro
2. Alimento
3. gatito
4. porque
5. perro
6. correa
7. gato
8. collar
9. tienda de mascotas
10. cepilla
11. grande
12. provisiones

Verbs/Present Tense - Regular Second Conjugation Verbs (page 37)

1. corre
2. beben
3. lees
4. aprendemos
5. como
6. lee
7. comen
8. bebemos
9. veo
10. ven

Verbs/Present Tense - Regular Third Conjugation Verbs (page 38)

1. abre
2. sube
3. escribo
4. Vives
5. subimos
6. recibo
7. escribes
8. recibe
9. vivimos
10. salen

Verbs/Present Tense – Irregular Verbs (page 39)

1. Salgo para la tienda de mascotas.
2. Traigo las paraguas.
3. Hago mucho trabajo.
4. Pongo la mesa.
5. Salgo a tiempo para la escuela cada día.
6. traen
7. pones
8. sale
9. hacen

Lección 6 Deportes
Lesson 6 Sports

Lista de Vocabulario	Vocabulary List
1. juego	1. game
2. equipo	2. team
3. gol	3. goal
4. correr	4. to run
5. campo	5. field
6. jonrón	6. home run
7. entrenador	7. coach
8. fútbol	8. soccer
9. béisbol	9. baseball
10. batear	10. to bat
11. animar	11. cheer
12. uniforme	12. uniform

Conversación

1. Mamá, ¿dónde están mis pantaloncillos de fútbol? (Catalina)
2. Están en el armario con tus tenis de fútbol y tus calcetines. (María)
3. Catalina, ¿cuántos goles vas a anotar en este juego? (Manuel)
4. Manuel, ¿vas a venir al juego? (C)
5. Sí, me gusta verte. ¡Puedes correr tan rápido! (M)
6. Necesitas mucha energía para correr por el campo. (C)
7. ¿Te llamó el entrenador sobre la práctica? (Ma)
8. Sí, tenemos una práctica el miércoles en la noche. (C)
9. No se te olvide el agua. (M)
10. Mejor vámonos o llegaremos tarde al juego. (Ma)

Conversation

1. Mother, where are my soccer shorts? (Catalina)
2. They are in the closet with your soccer shoes and socks. (Maria)
3. Catalina, how many goals are you going to kick in this game? (Manuel)
4. Manuel, are you coming to the game? (C)
5. Yes, I like watching you. You can run so fast! (M)
6. You need a lot of energy to run down the field. (C)
7. Did the coach call you about practice? (Ma)
8. Yes, we have a practice on Wednesday night. (C)
9. Don't forget your water. (M)
10. We better go or we will be late for the game. (Ma)

Historia

El juego de béisbol

En la primavera, Enrique juega béisbol. Tiene un juego cada sábado. José, el papá de Enrique, es el entrenador. Hay quince niños en su equipo. Enrique juega parador en corto. Puede tirar rápido la pelota. Le gusta tirarla a su amigo en primera base. Enrique ha ayudado a hacer muchos *outs*. A veces, cuando la tira a primera, entonces su amigo la tira a segunda y se hace una jugada doble. ¡Siempre es emocionante! A Enrique le gusta batear. A veces hace un jonrón. El uniforme de Enrique es azul y blanco. El nombre de su equipo es *Blue Seahawks*. Su mamá, hermanos y hermanas también van a los juegos. Le gusta cuando lo animan. Después de los juegos, siempre hay un refrigerio. Cuando le toca llevar refrigerios, lleva bebidas y papitas para todos sus compañeros del equipo. Enrique tiene práctica de béisbol los jueves en la noche. También practica en la casa con su mamá, quien juega con él a atrapar la pelota. El béisbol es divertido para Enrique.

Story

The Baseball Game

In the spring, Enrique plays baseball. He has a game every Saturday. Jose, Enrique's father, is the coach. There are fifteen kids on his team. Enrique plays short stop. Enrique can throw the ball fast. He likes throwing it to his friend at first base. Enrique has helped to make a lot of outs. Sometimes when he throws it to first, his friend then throws it to second and a double play is made. That's always exciting! Enrique likes to bat. Sometimes he hits a home run. Enrique's uniform is blue and white. Their team name is the Blue Seahawks. His mother, brothers and sisters also come to the games. He likes when they cheer for him. After the games, there is always a snack. When it's his turn for snacks, he brings drinks and chips for all of his teammates. Enrique has baseball practice on Thursday evenings. He also practices at home with his mother who plays catch with him. Baseball is fun for Enrique.

Fill in the Blank * Llene el Espacio

Fill in the blanks using the vocabulary words. Use each word once.

1. Me visto en un ______________________ azul y blanco para ir a la escuela.
2. Para jugar ______________________, hay que patear la pelota con los pies.
3. Ella puede ______________________ más rápido que todos sus amigos.
4. ¿Quién es el ______________________ de su equipo?
5. Un ______________________ es cuando el bateador corre las cuatro bases después de un batazo.
6. Vamos a jugar un ______________________ de naipes.
7. ¿Anotaste un ______________________ en el juego de fútbol?
8. Es mi turno para ______________________ la pelota.
9. ¿Cuántas personas hay en un ______________________ de béisbol?
10. ______________________ es un juego con cuatro bases.
11. A la gente le gusta ______________________ cuando su equipo favorito gana.
12. Hay un ______________________ grande y abierto cerca de la escuela.

Verbs
Imperfect Tense

The imperfect tense is used to express continuance, to express those actions in the past which are either customary or habitual, and to express description in the past.

Regular *-ar* Verbs

To form the imperfect tense of *-ar* verbs the infinitive ending *-ar* is dropped. To the root are added the personal endings.

yo (I)	-aba	tú (you)	-abas
él, ella, Ud, (he, she, you)	-aba	nosotros (we)	-ábamos
vosotros (you plural)	-ábais	ellos, ellas, Uds. (they masculine, they feminine, you plural)	-aban

Rewrite the following sentences in the imperfect.

1. Yo bateo en los juegos.

____

2. Ella anima para nuestro equipo.

____

3. Mi amiga y yo andamos el perro en el parque.

____

4. Tú trabajas mucho en la tienda.

____

5. Ellos hablan con su abuela cada sábado.

____

6. Mi hermana compra faldas azules para la escuela.

____

Verbs
Imperfect Tense
Regular *-er* and *-ir* Verbs

The imperfect tense of *-er* and *-ir* verbs is the same. To form the imperfect tense of *-er* and *-ir* verbs the infinitive ending is dropped and the personal ending is added to the stem.

yo (I)	-ía	tú (you)	-ías
él, ella, Ud, (he, she, you)	ía	nosotros (we)	-íamos
vosotros (you plural)	-íais	ellos, ellas, Uds. (they masculine, they feminine, you plural)	-ían

Rewrite the following sentences in the imperfect.

1. El entrenador siempre come en aquel restaurante.

____

2. El equipo corre en el parque cada día.

____

3. Los niños leen libros de fútbol a menudo.

____

4. Tú a veces recibes regalos por correo.

____

5. Mi amiga y yo salimos todos los sábados.

____

6. Yo aprendo mucho en la escuela.

____

7. Marta sabe mucho sobre el béisbol.

____

8. Mis padres viven en México.

____

Verbs
Imperfect Tense

Some common adverbial phrases which indicate continuance are:

siempre *always*	con frecuencia *frequently*
a menudo *often*	a veces *sometimes*
todos los días (lunes) *every day (Monday)*	cada año (día, mes) *every year (day, month)*

The imperfect tense is used with the time expression *hacía*. *Hacía un año que yo estaba en Colombia. I had been in Colombia for one year.*

Write the following sentence in Spanish using the imperfect tense.

1. My uniform always had the number 10.

 ____

2. Dulce often batted a home run.

 ____

3. We cheered at all of the games.

 ____

4. They had been in California for five years.

 ____

5. I visited my grandma every Sunday.

 ____

6. Every month you wrote a letter to me.

 ____

Answer Key * Las Respuestas

Fill in the Blank * Llene el Espacio (page 44)

1. uniforme
2. fútbol
3. correr
4. entrenador
5. jonrón
6. juego
7. gol
8. batear
9. equipo
10. Béisbol
11. animar
12. campo

Verbs – Imperfect Tense (page 45)

1. Yo bateaba en los juegos.
2. Ella animaba para nuestro equipo.
3. Mi amiga y yo andábamos el perro en el parque.
4. Tú trabajabas mucho en la tienda.
5. Ellos hablaban con su abuela cada sábado.
6. Mi hermana compraba faldas azules para la escuela.

Verbs – Imperfect Tense (page 46)

1. El entrenador siempre comía en aquel restaurante.
2. El equipo corría en el parque cada día.
3. Los niños leían libros de fútbol a menudo.
4. Tú a veces recibías regalos por correo.
5. Mi amiga y yo salíamos todos los sábados.
6. Yo aprendía mucho en la escuela.
7. Marta sabía mucho sobre el béisbol.
8. Mis padres vivían en México.

Verbs – Imperfect Tense (page 47)

1. Mi uniforme siempre tenía el número diez.
2. Dulce a menudo bateaba un jonrón.
3. Animábamos en todos los juegos.
4. Hacía cinco años que ellos estaban en California.
5. Visitaba a mi abuela todos los domingos.
6. Cada mes me escribías una carta.

Lección 7 Días de Fiestas
Lesson 7 Holidays

Lista de Vocabulario	Vocabulary List
1. fuegos artificiales	1. fireworks
2. feliz	2. happy
3. hoy	3. today
4. temprano	4. early
5. divertido	5. fun
6. celebrar	6. to celebrate
7. cumpleaños	7. birthday
8. Día de San Valentín	8. Valentine's Day
9. pastel de calabaza	9. pumpkin pie
10. visitar	10. to visit
11. sorpresa	11. surprise
12. favorito	12. favorite

Conversación	Conversation
1. El Día de Acción de Gracias es en noviembre. (Raul)	1. Thanksgiving is in November. (Raul)
2. Es uno de mis días de fiesta favoritos porque la abuela y el abuelo vienen a visitar. (Catalina)	2. It is one of my favorite holidays because grandma and grandpa come to visit. (Catalina)
3. A mí me gusta por la comida. Me encanta el pavo, el relleno, el puré de papas con *gravy* y los arándanos. (R)	3. I like it because of the food. I love turkey, dressing, mashed potatoes with gravy, and cranberries. (R)
4. ¿Qué tal el pastel de calabaza? (C)	4. What about the pumpkin pie? (C)
5. Sí, también me encanta. (R)	5. Yes, I love that also. (R)
6. Este año, le voy a ayudar a mamá a rellenar el pavo. (C)	6. This year I am helping mother stuff the turkey. (C)
7. Tendrás que levantarte temprano porque ella pone el pavo en el horno alrededor de las siete de la mañana. (R)	7. You will need to get up early because she puts the turkey in the oven around seven o'clock in the morning. (R)
8. Ahora tengo que hacer mi tarea. Tengo que escribir un ensayo de Acción de Gracias sobre lo que estoy agradecido. (C)	8. I have to do my homework now. I need to write a Thanksgiving essay about what I am thankful for. (C)
9. Está bien. Yo leeré mi libro sobre los peregrinos. (R)	9. O.K. I will read my book about the Pilgrims. (R)

Historia

4 de Julio

Hoy es el 4 de Julio. El día está soleado y cálido. La familia de Enrique va al parque. Él juega con sus hermanos y hermanas. Su mamá y papá cocinan la cena en el parque. Comen hamburguesas y papas. Enrique tiene hambre. Se come dos hamburguesas grandes. Después de la cena, van a visitar a las hermanas de su papá. Tienen una sorpresa para los niños. En una escuela cerca de su casa hay un espectáculo de fuegos artificiales. Caminan a la escuela para ver el espectáculo. Enrique aprendió en la escuela que el 4 de Julio es el cumpleaños de su país. El día de fiesta celebra la adopción de la Declaración de la Independencia el 4 de julio de 1776. Ha leído sobre cómo Estados Unidos ganó su libertad de Inglaterra. Cuando Enrique se va a la cama, está cansado, pero feliz de haberse divertido tanto el Cuatro de Julio.

Story

4th of July

Today is the Fourth of July. The day is sunny and warm. Enrique's family goes to the park. He plays with his brothers and sisters. His mother and father cook dinner at the park. They eat hamburgers and potatoes. Enrique is hungry. He eats two big hamburgers. After dinner, they go to visit his father's sisters. They have a surprise for the children. At a school near their house there is a fireworks show. They walk to the school to see the show. Enrique learned in school that the 4th of July is his country's birthday. The holiday celebrates the adoption of the Declaration of Independence on July 4, 1776. He has read about how the United States won its freedom from England. When Enrique goes to bed he is tired, but happy that he had so much fun on the Fourth of July.

Fill in the Blank * Llene el Espacio

Fill in the blanks using the vocabulary words. Use each word once.

1. Vamos a mirar a los ____________________ después de la cena.
2. Hoy es el primer ____________________ de nuestro bebé.
3. José le dió a Luz una ____________________ en el Día de San Valentín.
4. Enrique se ____________________ jugando con sus hermanos.
5. ¿Cuál es su programa ____________________ de televisión?
6. ¿Cuándo vas a ____________________ la casa de tu hermana?
7. ¡Estoy ____________________ de verte!
8. ¿Es difícil hacer un ____________________?
9. ¿Cómo vas a ____________________ tu cumpleaños?
10. Catalina está enferma. No va a la escuela ____________________.
11. A ella le gusta hacer una tarjeta para su madre en el ____________________.
12. Mamá se levanta ____________________ en el día de Acción de Gracias.

Verbs
Imperfect Tense

There are only three irregular verbs in the imperfect tense. They are *ir*, *ser*, and *ver*.

ir (to go) – iba, ibas, iba, íbamos, ibais, iban
ser (to be) – era, eras, era, éramos, erais, eran
ver (to see) – veía, veías, veía, veíamos, veíais, veían

Fill in the blank with the correct form of the imperfect tense of the indicated verb.

1. Ellos ______________________________ los fuegos artificiales cada 4 de julio. (ver)
2. Tú siempre _________________________________ en tren. (ir)
3. Yo ____ feliz. (ser)
4. Todos los días Enrique _______________ temprano. (estar)
5. La familia _____________________ el cumpleaños del abuelo cada junio. (celebrar)
6. Tú _________________ una película todos los viernes. (ver)
7. Las fiestas de Juan ____________________ divertidas. (ser)
8. Mi esposo yo _______________________________ nuestra hija cada mes. (visitar)
9. Cada cumpleaños yo ______________________ una sorpresa para su papá. (tener)
10. A veces tú ________________________ su mamá en el Día de San Valentín. (visitar)

Verbs

Preterite Tense

The preterite is a past tense used to express an action completed at a definite time in the past.

Regular *-ar* Verbs

To form the preterite tense of *-ar* verbs the infinitive ending *-ar* is dropped and the personal ending is added.

yo (I)	-é	tú (you)	-aste
él, ella, Ud., (he, she, you)	-ó	nosotros (we)	-amos
vosotros (you plural)	-asteis	ellos, ellas, Uds. (they masculine, they feminine, you plural)	-aron

Rewrite the following sentences in the preterite.

1. En junio celebramos el primer cumpleaños del bebé.

____

2. Yo compro una sorpresa para mis hijos.

____

3. Tú miras los fuegos artificiales en el parque.

____

4. Mi hermana visita su tía favorita.

____

5. El martes mis amigos celebran el Día de San Valentín.

____

6. María compra el pastel de calabaza para la fiesta.

____

7. Yo visito mi abuela temprano por la mañana.

____

Verbs/Preterite Tense
Irregular -ar Verbs

There are many irregular verbs. *Buscar*, *jugar*, and *empezar* are irregular.

buscar (to look for) – busqué, buscaste, buscó, buscamos, buscasteis, buscaron
jugar (to play) – jugué, jugaste, jugó, jugamos, jugasteis, jugaron
empezar (to begin) – empecé, empezaste, empezó, empezamos, empezasteis, empezaron

Form sentences with the following words. Use the preterite tense. Put in the correct articles and prepositions.

1. Ellos / buscar / sorpresa.

   ____

2. Tú / jugar / mucho / 4 de julio.

   ____

3. Fuegos artificiales / empezar / a las nueve.

   ____

4. Nosotros / jugar / fútbol / estadio.

   ____

5. Enrique / buscar / casa / aquel / barrio.

   ____

6. Cumpleaños / empezar / temprano / mañana.

   ____

7. Ud. / visitar / España / año pasado.

   ____

8. Yo / celebrar / cumpleaños / sábado.

   ____

Answer Key * Las Respuestas

Fill in the Blank * Llene el Espacio (page 52)

1. fuegos artificiales
2. cumpleaños
3. sorpresa
4. divierte
5. favorito
6. visitar
7. feliz
8. pastel de calabaza
9. celebrar
10. hoy
11. Día de San Valentín
12. temprano

Verbs – Imperfect Tense (page 53)

1. veían
2. ibas
3. era
4. estaba
5. celebraba
6. veías
7. eran
8. visitábamos
9. tenía
10. visitabas

Verbs – Preterite Tense (page 54)

1. En junio celebramos el primer cumpleaños del bebé.
2. Yo compré una sorpresa para mis hijos.
3. Tú miraste los fuegos artificiales en el parque.
4. Mi hermana visitó su tía favorita.
5. El martes mis amigos celebraron el Día de San Valentín.
6. María compró el pastel de calabaza para la fiesta.
7. Yo visité mi abuela temprano por la mañana.

Verbs/Preterite Tense – Irregular -ar Verbs (page 55)

1. Ellos buscaron una sorpresa.
2. Tú jugaste mucho el 4 de julio.
3. Los fuegos artificiales empezaron a las nueve.
4. Nosotros jugamos fútbol en el estadio.
5. Enrique buscó una casa en aquel barrio.
6. El cumpleaños empezó temprano por la mañana.
7. Ud. visitó España el año pasado.
8. Yo celebré mi cumpleaños el sábado.

Lección 8 Trabajos
Lesson 8 Jobs

Lista de Vocabulario	Vocabulary List
1. solicitudes	1. applications
2. curriculum vitae	2. resume
3. entrevista	3. interview
4. graduarse	4. to graduate
5. ganar	5. to earn
6. suficiente	6. enough
7. biblioteca	7. library
8. carrera	8. career
9. planear	9. to plan
10. idea	10. idea
11. confirmar	11. to confirm
12. fábrica	12. factory

Conversación

1. Necesito encontrar un trabajo. (Arturo, el hermano menor de José)
2. ¿Qué te gustaría hacer? (José)
3. Me gusta cantar y bailar. (A)
4. ¿Puedes ganar suficiente dinero haciendo eso? (J)
5. Espero que sí. También estoy estudiando para ser actor. (A)
6. Necesitas un trabajo mientras estudias tu carrera. (J)
7. Sí, estoy buscando un trabajo por las noches en un restaurante. (A)
8. Esa es una buena idea. ¿Qué más puedes hacer? (J)
9. Puedo trabajar en una fábrica por las noches. (A)
10. Buena suerte con las solicitudes de empleo. (J)
11. Gracias. (A)

Conversation

1. I need to find a job. (Arturo, Jose's younger brother)
2. What do you like to do? (Jose)
3. I like to sing and dance. (A)
4. Can you earn enough money doing that? (J)
5. I hope so. I am also learning to be an actor. (A)
6. You need a job while you are studying for your career. (J)
7. Yes, I am looking for a job in a restaurant at night. (A)
8. That's a good idea. What else can you do? (J)
9. I can work at a factory at night. (A)
10. Good luck with your job applications! (J)
11. Thank you. (A)

Historia

El nuevo trabajo de Thelma

Thelma, la hermana menor de María, tiene un nuevo trabajo. Es maestra de tercer grado. La primavera pasada, se graduó de universidad. Llenó solicitudes para enseñar en varios distritos escolares. Después de completar las solicitudes, las envió y llamó una semana después para confirmar que llegaron. Sacó un libro de la biblioteca sobre cómo prepararse para una entrevista. Le llamaron para varias entrevistas. Llegó temprano a cada una de ellas. No quería llegar tarde a esta importante reunión. En la entrevista, fue amable y tenía buena presentación. Después de años de estudio y preparación, Thelma tiene un trabajo que disfruta.

Story

Thelma's New Job

Thelma, Maria's younger sister, has a new job. She is a third grade teacher. Last spring she graduated from college. She filled out teaching applications for several different school districts. After she completed the applications, she sent them back and called a week later to confirm their arrival. She checked out a book from the library about how to prepare for an interview. She was called for several interviews. For each interview, she arrived early. She did not want to be late for this important meeting. At the interview, she was friendly and well groomed. After years of studying and preparation, Thelma has a job she enjoys.

Fill in the Blank * Llene el Espacio

Fill in the blanks using the vocabulary words. Use each word once.

1. Todos las mañanas José ________________ su día.
2. Yo ______________ suficiente dinero para comprar comida.
3. Anna tomó prestado un libro de la ______________.
4. Ella estuvo en la ________ de trabajo por una hora.
5. Mi madre trabaja en una _______________ donde se hacen automóviles.
6. Él necesita llevar a su casa las _________________ de trabajo.
7. Anna llamó para _______________________ su cita.
8. Arturo quiere una ____________________________ como actor.
9. Anna ___________________________________ de la universidad el verano pasado.
10. ¡Esa es una buena ____________________________!
11. Favor de incluir un _____________________ con su solicitud.
12. ¿Tenemos ______________________ leche para el desayuno?

Verbs
Preterite Tense

Regular *–er* and *–ir* Verbs

The preterite of *–er* and *–ir* verbs is formed by dropping the infinitive ending and adding the personal ending.

Yo (I)	-í	tú (you)	-iste
él, ella, Ud., (he, she, you)	-ió	nosotros (we)	-imos
vosotros (you plural)	-isteis	ellos, ellas, Uds. (they masculine, they feminine, you plural)	-ieron

Rewrite the following sentences in the preterite.

1. Yo corro mucho en el parque.

____

2. Tú escribes un curriculum vitae.

____

3. María sale a las nueve para la entrevista.

____

4. Mis amigas y yo bebemos agua en la biblioteca.

____

5. Las muchachas discuten el problema.

____

6. Juan come el almuerzo en la fábrica.

____

7. Tú recibes muchos paquetes para la Navidad.

____

8. Yo subo la montaña.

____

Verbs/Preterite Tense
Irregular *–er* and *–ir* Verbs

Many common verbs are irregular in the preterite tense. *Tener*, *pedir*, and *poner* are irregular.

tener (to have) – tuve, tuviste, tuvo, tuvimos, tuvisteis, tuvieron
pedir (to ask for) – pedí, pediste, pidió, pedimos, pedisteis, pidieron
poner (to put or set) – puse, pusiste, puso, pusimos, pusisteis, pusieron

Fill in the blank with the correct form of the preterite tense of the indicated verb.

1. Thelma ______________________ las solicitudes en sobres grandes. (poner)
2. Ellos no ______________________ suficiente dinero. (tener)
3. En la biblioteca, yo ________________ unas novelas. (pedir)
4. Yo ______________________ dos gatos en el carro. (tener)
5. En la fabrica, tú ______________________ la radio. (poner)
6. Mi hijo ____________________________ un cachorro para su cumpleaños. (pedir)
7. Nosotros ____________________ unas solicitudes. (pedir)
8. ¿Quién ______________________________ una idea? (tener)
9. Yo ___________ el carro de mi mamá en el garaje. (poner)
10. Ella ______________________ el curriculum vitae en su escritorio. (tener)

Verbs
Preterite Tense

The preterite tense is a completed past action. Some common adverbial phrases that accompany the preterite are:

ayer – yesterday	anteayer – the day before yesterday
anoche – last night	el otro día – the other day
hace tres días, anos – three days ago, years	la semana pasada – last week
el año pasado – last year	durante tres años - for three years

Write the following sentence in Spanish using the preterite tense.

1. Last year I played on a baseball team.

   ____

2. The other day my son wrote a letter to his grandmother.

   ____

3. Last week we spoke to the teacher.

   ____

4. For three years you lived in California.

   ____

5. Yesterday we watched a movie in the afternoon.

   ____

6. Two years ago I had a red car.

   ____

7. The day before yesterday Ruth began a new job.

   ____

8. Last night they put their clothes in suitcases.

   ____

Answer Key * Las Respuestas

Fill in the Blank * Llene el Espacio (page 60)

1. planea
2. gano
3. biblioteca
4. entrevista
5. fábrica
6. solicitudes
7. confirmar
8. carrera
9. se graduó
10. idea
11. curriculum vitae
12. suficiente

Verbs – Preterite Tense (page 61)

1. Yo corrí mucho en el parque.
2. Tú escribiste un curriculum vitae.
3. María salió a las nueve para la entrevista.
4. Mis amigas y yo bebimos aqua en la biblioteca.
5. Las muchachas discutieron el problema.
6. Juan comió el almuerzo en la fábrica.
7. Tú recibiste muchos paquetes para la Navidad.
8. Yo subí la montaña.

Verbs/Preterite Tense – Irregular *-er* and *-ir* Verbs (page 62)

1. puso
2. tuvieron
3. pedí
4. tuve
5. pusiste
6. pidió
7. pedimos
8. tuvo
9. puse
10. tuvo

Verbs – Preterite Tense (page 63)

1. El año pasado jugué en un equipo de béisbol.
2. El otro día mi hijo escribió una carta a su abuela.
3. La semana pasada hablamos al maestro.
4. Durante tres años viviste en California.
5. Ayer miramos una película por la tarde.
6. Hace dos años tuve un carro rojo.
7. Anteayer Ruth empezó un nuevo trabajo.
8. Anoche pusieron su ropa en maletas.

Lección 9 La oficina postal
Lesson 9 The Post Office

Lista de Vocabulario	Vocabulary List
1. estampillas	1. stamps
2. enviar	2. to mail
3. paquete	3. package
4. sobre	4. envelope
5. carta	5. letter
6. pesar	6. to weigh
7. primera clase	7. first class
8. rollo	8. roll
9. libro	9. book
10. coleccionar	10. to collect
11. diseño	11. design
12. colección	12. collection

Conversación

1. Voy a la oficina postal a comprar estampillas. ¿Quieres que envíe tu paquete para tía Thelma? (María)
2. Sí por favor. En la oficina postal pesarán el paquete y te indicarán el porte que debes pagar. (Catalina)
3. Hola. Me gustaría comprar algunas estampillas. (M)
4. ¿Le gustaría comprar un libro o un rollo de estampillas? (empleado postal)
5. ¿Cuántas estampillas hay en un libro? (M)
6. Tenemos libros de 15 o 20 estampillas. (ep)
7. ¿Cuántas estampillas hay en un rollo? (M)
8. Hay cien estampillas en un rollo. (ep)
9. Compraré un rollo de estampillas. (M)
10. También puede comprar estampillas por correo o por teléfono y así no necesita hacer fila ni venir a la oficina postal. (ep)
11. Gracias. También necesito enviar este paquete. (M)

Conversation

1. I am going to the post office to buy stamps. Do you want me to mail your package to Aunt Thelma? (Maria)
2. Yes, please. They will weigh the package at the post office and tell you how much the postage will be. (Catalina)
3. Hello. I would like to buy some stamps. (M)
4. Would you like to buy a book or a roll of stamps? (mail clerk)
5. How many stamps are in a book? (M)
6. We have books of 15 or 20 stamps. (mc)
7. How many stamps are in a roll? (M)
8. A hundred stamps are in a roll. (mc)
9. I will buy a roll of stamps. (M)
10. You can also buy stamps by mail or by phone and that way you do not need to stand in line or come to the post office. (mc)
11. Thank you. I also need to mail this package. (M)

Historia

La oficina postal

Para su cumpleaños, Enrique recibió una caja de naipes que le enviaron sus abuelos. El regalo le llegó por correo. En el paquete había varias estampillas de primera clase que Enrique añadió a su colección de estampillas. Enrique acaba de escribir una carta de agradecimiento para sus abuelos. Luego escribirá el domicilio en el sobre. En la escuela aprendió dónde poner el domicilio del destinatario y el del remitente. Después del almuerzo, José va a llevar a Enrique a la oficina postal. Enrique disfruta escogiendo una estampilla de primera clase con un tema especial o diseño de interés. Él y su abuelo tienen colecciones de estampillas. Su abuelo tiene estampillas de todo el mundo y muchas son muy antiguas. La mayoría de las estampillas de Enrique son de Estados Unidos. Enrique guarda sus estampillas en un álbum bellamente encuadernado.

Story

The Post Office

For his birthday, Enrique received a box of playing cards from his grandparents. The gift came in the mail. On the package were several first class stamps that he will add to his stamp collection. Enrique has just finished writing a thank you letter to his grandparents. Next he will address the envelope. He learned in school where to put the destination and return addresses. After lunch, Jose is taking Enrique to the post office. Enrique enjoys picking out a first class stamp with a special subject or interest design on it. He and his grandfather both have stamp collections. His grandfather has stamps from all over the world and many are very old. Most of Enrique's stamps are from the United States. Enrique keeps his stamps in a beautifully bound album.

Fill in the Blank * Llene el Espacio

Fill in the blanks using the vocabulary words. Use each word once.

1. Enrique escribe el domicilio del remitente en el ______________________.
2. Hay cien estampillas en un ______________.
3. Enrique guarda su ______________ en un álbum bellamente encuadernado.
4. Se puede comprar ______________ por correo.
5. En el paquete de Enrique había varias estampillas de ______________________.
6. Catalina tiene un ______________ para enviar a Tía Thelma.
7. María ofreció ______________ el paquete.
8. A mucha gente le gusta ______________ estampillas.
9. ¿Escribiste una ______________ de agradecimento a tus abuelos?
10. Voy a comprar las estampillas que tienen el ______________nuevo de navidad.
11. Hay que ______________ el paquete para indicar cuánto será el porte.
12. ¿Quiere un ______________ o un rollo de estampillas?

Differences Between Imperfect and Preterite

The imperfect tense is used to express a continuing action in the past. The preterite tense is used to express an action begun and completed in the past even if the action lasted for a long time.

Rewrite the following sentences in the preterite or imperfect according to the indicated time expression.

1. Su hermana siempre estaba enferma.

   ______________________________ por una semana.

2. Mi abuelo enviaba cartas cada lunes.

   ______________________________ el lunes pasado.

3. Mi mamá pesó el bebé el sábado.

   ______________________________ cada sábado.

4. Yo coleccioné estampillas por tres años.

   Durante tres años ______________________________ .

5. Mi amiga y yo estuvimos en la oficina postal ayer.

   ______________________________ el otro día.

6. Mis padres le veían de vez en cuando.

   ______________________________ con frecuencia.

7. Tú lo repetías muchas veces.

   ______________________________ una vez.

8. Durante el último viaje a la oficina postal compré un rollo de estampillas.

   Durante todos los viajes ______________________________

   ______________________________.

Verbs
Future Tense

Ir a with Infinitive

The future can be expressed by using the verb *ir a* with an infinitive. In English this says "to be going to."

Rewrite the following sentences in the future using *ir a* with an infinitive.

1. **Enviamos las cartas el viernes.**

   ____

2. **El hombre pesa el paquete.**

   ____

3. **El niño colecciona estampillas.**

   ____

4. **Uds. salen temprano.**

   ____

5. **La niña pone la mesa el jueves.**

   ____

6. **Vivo en la ciudad.**

   ____

7. **Los muchachos hablan con la maestra.**

   ____

8. **Tú compras sobres.**

   ____

Verbs/Future Tense
Regular Verbs

The future tense of regular verbs is formed by adding the following personal endings to the infinitive.

hablar (to speak) – hablaré, hablarás, hablará, hablaremos, hablaréis, hablarán
comer (to eat) – comeré, comerás, comerá, comeremos, comeréis, comerán
escribir (to write) – escribiré, escribirás, escribirá, escribiremos, escribiréis, escribirán

Fill in the blank with the correct form of the future tense of the indicated verb.

1. Thelma ________________ las cartas el miércoles. (enviar)
2. ¿Cuando ______________________________ tú aquí? (estar)
3. Yo _________________________ la carta mañana. (escribir)
4. Ellos ___________________ el paquete por correo. (recibir)
5. El doctor ___________________________ las niñas. (pesar)
6. Mis padres _________________ a las ocho y media. (llegar)
7. Mi tía ______________________________ un libro. (escribir)
8. Mi esposo y yo _____________ una casa nueva. (comprar)
9. Mi hermano ____________ los carros viejos. (coleccionar)
10. Ellos ____________ en un restaurante esta noche. (comer)

Answer Key * Las Respuestas

Fill in the Blank * Llene el Espacio (page 68)

1. sobre
2. rollo
3. colección
4. estampillas
5. primera clase
6. paquete
7. evniar
8. coleccionar
9. carta
10. diseño
11. pesar
12. libro

Differences Between Imperfect and Preterite (page 69)

1. Su hermana estuvo enferma
2. Mi abuelo envió cartas
3. Mi mamá pesaba el bebé
4. yo coleccionaba estam pillas
5. Mi amiga y yo estabamos en la oficina postal
6. Mis padres le vieron
7. Tú lo repetiste
8. a la oficina postal compraba un rollo de estampillas

Verbs – Future Tense (page 70)

1. Vamos a enviar las cartas el viernes.
2. El hombre va a pesar el paquete.
3. El niño va a coleccionar estampillas.
4. Uds. van a salir temprano.
5. La niña va a poner la mesa el jueves.
6. Voy a vivir en la ciudad.
7. Los muchachos van a hablar con la maestra.
8. Tú vas a comprar sobres.

Verbs/Future Tense – Regular Verbs (page 71)

1. enviará
2. estarás
3. escribiré
4. recibirán
5. pesará
6. llegarán
7. escribirá
8. compraremos
9. coleccionará
10. comerán

Lección 10 Un lugar donde vivir
Lesson 10 A Place to Live

Lista de Vocabulario	Vocabulary List
1. apartamento	1. apartment
2. amueblado	2. furnished
3. rentar	3. to rent
4. vacante	4. available
5. préstamo	5. loan
6. oferta	6. bid
7. piscina	7. pool
8. patio	8. backyard
9. depósito de seguridad	9. security deposit
10. agente de bienes raíces	10. realtor
11. garage	11. garage
12. enganche	12. down payment

Conversación

1. Hola, deseo rentar un apartamento. (Thelma)
2. ¿Qué tamaño de apartamento desea? (gerente)
3. Estoy buscando un apartamento amueblado de una recámara. (T)
4. Tenemos un par de apartamentos amueblados de una recámara y varios estudios. (g)
5. ¿Qué es un estudio? (T)
6. Un estudio es más pequeño. Los nuestros tienen una habitación grande, una cocina y un baño. Son más económicos que un apartamento de una recámara. (g)
7. Veré ambos estilos. ¿Hay una piscina? (T)
8. Sí, tenemos una piscina, dos *Jacuzzis* y una sala para ejercicios. ¿Le gustaría un apartamento con o sin chimenea? (g)
9. No quiero chimenea. (T)
10. Necesitamos un depósito de seguridad y el primer mes de renta antes de que se mude. Por favor sígame y le mostraré los apartamentos. (g)

Conversation

1. Hello. I want to rent an apartment. (Thelma)
2. What size of an apartment are you looking for? (manager)
3. I am looking for a furnished one bedroom apartment. (T)
4. We have a couple of furnished one bedroom apartments available and several studios. (m)
5. What is a studio? (T)
6. A studio is smaller. Ours have one large room, a kitchen, and a bathroom. They are less expensive than the one bedroom apartments. (m)
7. I will look at both styles. Is there a pool? (T)
8. Yes, we have a pool, two Jacuzzis, and an exercise room. Would you like an apartment with or without a fireplace? (m)
9. I do not want a fireplace. (T)
10. We require a security deposit and the first month's rent before you can move in. Please follow me and I will show you the apartments. (m)

Historia

La compra de una casa

Luz y José planean comprar una casa nueva. Necesitan una casa más grande para su familia. Quieren que la casa nueva quede cerca de una buena escuela para sus hijos. También quieren que quede cerca de una biblioteca pública y que esté en una ciudad que cuente con un buen programa de actividades recreativas. Están buscando una casa con cuatro recámaras y garage para dos autos. También desean que el patio sea grande para los niños y el perro. José y Luz hablan con un agente de bienes raíces. Le dicen lo que desean. El agente les muestra varias casas. Después de varias semanas de búsqueda encuentran una que les gusta. Presentan una oferta por la casa. Se acepta su oferta. Pagan un enganche y esperan que el préstamo se apruebe. Finalmente el préstamo se aprueba. Les indican la cantidad de los pagos mensuales. La familia de José y Luz están entusiasmado sobre la mudanza a su nueva casa y a su nuevo vecindario.

Story

Buying a House

Luz and Jose are planning to buy a new house. They need a larger home for their family. They want their new house to be near a good school for their children. They also want it near a public library and located in a city that has a good recreational program. They are looking for a four bedroom house with a two car garage. They also want a large backyard for the children and dog. Jose and Luz talk to a realtor. They let the realtor know what they want. The realtor shows them several houses. After many weeks of looking, they find one they like. They bid on the house. Their bid is accepted. They pay a down payment and wait for their loan to be approved. Finally, their loan is approved. They are told what their monthly payments will be. Jose and Luz's family is excited about moving into their new home and neighborhood.

Fill in the Blank * Llene el Espacio

Fill in the blanks using the vocabulary words. Use each word once.

1. Hay una ______________________ caliente y dos Jacuzzis.
2. Pienso recibir mi ______________________ después de mudarme de casa.
3. ¿Va a buscar una casa en ______________________ o para comprarla?
4. Hay que esperar un mes para que el ______________________ se apruebe.
5. Luz y José están ahorrando dinero cada mes para su ___ .
6. Ella no quiere un ______________________ con chimenea.
7. El ______________________ les muestra varias casas.
8. Después de escoger una casa, Luz y José tienen que presentar una ______________________.
9. Este apartamento está ______________________ con un refrigerador, un sofá, y una cama.
10. ¿Va a tener un ______________________ para su carro?
11. Vamos a tener varios apartamentos ______________________ el próximo mes.
12. Mi perro necesita un ______________________ grande para correr.

Verbs/Future Tense
Irregular Verbs

There are very few irregular verbs in the future tense. The following have irregular stems.

decir – diré (to say, tell)	hacer – haré (to do, make)
querer – querré (to want)	poner – pondré (to put, set)
salir – saldré (to leave)	tener – tendré (to have)
saber – sabré (to know)	venir – vendré (to come)

decir – diré, dirás, dirá, diremos, direis, dirán
poner – pondré, podrás, pondrá, pondremos, pondreis, pondrán

Rewrite the following sentences in the future.

1. Ellos rentan una casa grande.

____

2. Yo tengo una piscina en mi patio.

____

3. Yo vengo en avión.

____

4. Nosotros salimos a las siete en punto.

____

5. Tú quieres un apartamento amueblado.

____

6. María pone las bicicletas en el garaje.

____

7. Los muchachos hacen una fiesta el sábado.

____

Verbs
Conditional Tense

The conditional tense is used to express what would happen if it were not for some other circumstance. The conditional tense is formed by adding the personal endings to the entire infinitive.

hablar (to speak) – hablaría, hablarías, hablaría, hablaríamos, hablaríais, hablarían
comer (to eat) – comería, comerías, comería, comeríamos, comeríais, comerían
vivir (to live) – viviría, vivirías, viviría, viviríamos, viviríais, vivirían

Fill in the blank with the correct form of the conditional tense of the indicated verb.

1. Yo ______________________ un apartamento pero no tengo bastante dinero. (rentar)
2. Mis padres __________________________ en California pero cuesta demasiado. (vivir)
3. ¿Por qué no __________________________ tú en avión? (ir)
4. Los niños _________ en el patio pero hay un perro. (jugar)
5. Mi mamá ______________________ al piscina pero no sabe como nadar. (ir)
6. Yo _______________________ una carta a mi abuela pero no sé la dirección. (escribir)
7. Yo __________ en el patio pero no hay una mesa. (comer)
8. Mi padre ____________________ con la maestra pero ella no está aquí. (hablar)

Verbs/Conditional Tense
Irregular Verbs

The conditional tense is used to express what would happen if it were not for some other circumstance. The verbs that are irregular in the future are irregular in the conditional.

decir (to say) – diría	hacer (to do or make) – haría
querer (to want) – querría	caber (to fit into) – cabría
poder (to be able) – podría	saber (to know) – sabría
poner (to put or set) – pondría	salir (to leave) – saldría
tener (to have) – tendría	valer (to be worth) – valdría
venir (to come) – vendría	

Rewrite the following sentences in the conditional.

1. Mis hermanas vienen en seguida.

____

2. Nosotros tenemos un enganche.

____

3. Todos no caben porque el coche es pequeño.

____

4. ¿Quieres tratar el problema con la maestra?

____

5. Mi amiga hace el trabajo sin ninguna dificultad.

____

6. Yo no tengo el depósito de seguridad.

____

7. Mi mamá sale lo más pronto posible.

____

Answer Key * Las Respuestas

Fill in the Blank * Llene el Espacio (page 76)

1. piscina
2. depósito de seguridad
3. renta
4. préstamo
5. enganche
6. apartamento
7. agente de bienes raíces
8. oferta
9. amueblado
10. garaje
11. vacantes
12. patio

Verbs/Future Tense – Irregular Verbs (page 77)

1. Ellos rentarán una casa grande.
2. Yo tendré una piscina en mi patio.
3. Yo vendré en avión.
4. Nosotros saldremos a las siete en punto.
5. Tú querrás un apartamento amueblado.
6. María pondrá las bicicletas en el garaje.
7. Los muchachos harán una fiesta el sábado.

Verbs – Conditional Tense (page 78)

1. rentaría
2. vivirían
3. irías
4. jugarían
5. iría
6. escribiría
7. comería
8. hablaría

Verbs/Conditional Tense – Irregular Verbs (page 79)

1. Mis hermanas vendrían en seguida.
2. Nosotros tendríamos un enganche.
3. Todos no cabrían porque el coche es pequeño.
4. ¿Querrías tratar el problema con la maestra?
5. Mi amiga haría el trabajo sin ninguna dificultad.
6. Yo no tendría el depósito de seguridad.
7. Mi mamá saldría lo más pronto posible.

Lección 11 Emergencias
Lesson 11 Emergencies

Lista de Vocabulario	Vocabulary List
1. ayudar	1. to help
2. frasco	2. bottle
3. cocina	3. kitchen
4. llamar	4. to call
5. centro de control de envenenamientos	5. poison control
6. gabinete	6. counter
7. conducta	7. behavior
8. observar	8. to watch
9. dos	9. couple
10. emergencia	10. emergency
11. rescate	11. rescue
12. equipo	12. crew

Conversación

1. Mamá, Pedro se bebió el frasco de medicina. (Catalina)
2. ¿Qué quieres decir? (María)
3. Alguien dejó el frasco de medicina abierto en el gabinete. Cuando entré a la cocina Pedro se la estaba bebiendo. (C)
4. Llamaré al centro de control de envenenamientos. (M)
5. Centro de control de envenenamientos. ¿Puedo ayudarle? (agente)
6. Sí, mi hijo acaba de beber un frasco de medicina. (M)
7. ¿Qué clase de medicina? (a)
8. Era amoxicilina. (M)
9. ¿Cuánta medicina bebió su hijo? (a)
10. Parece que bebió aproximadamente un cuarto del frasco. (M)
11. Probablemente vomitará muy pronto. (a)
12. ¿Hay algo que pueda hacer? (M)
13. Sí, observe a su hijo durante las próximas dos horas. Si nota una conducta rara, por favor vuelva a llamarnos. (a)
14. Gracias por su ayuda. (M)

Conversation

1. Mother, Peter drank the bottle of medicine. (Catalina)
2. What do you mean? (Maria)
3. Someone must have left the bottle of medicine on the counter with the top off. When I came into the kitchen, Peter was drinking it. (C)
4. I will call poison control. (M)
5. Poison control. May I help you? (agent)
6. Yes, my son just drank a bottle of medicine. (M)
7. What kind of medicine? (a)
8. It was Amoxicillin. (M)
9. How much did your son drink? (a)
10. It looks like he drank about a fourth of a bottle. (M)
11. He will probably vomit soon. (a)
12. Is there anything I can do? (M)
13. Yes, watch your son for the next couple of hours. If you notice any unusual behavior, please call back. (a)
14. Thank you for your help. (M)

Historia

Llamadas de emergencia al 911

Enrique regresó a casa de la escuela y encontró a su abuelita sentada en una silla. No la pudo despertar. Enrique se asustó. Llamó al 911. "Servicio de emergencia. ¿Cuál es su emergencia?"

"Mi abuela no despierta. Regresé a casa de la escuela y la encontré sentada en una silla. Traté de despertarla."

"¿Cuál es su dirección?"

"Estoy en casa de mi abuela. Su dirección es el 845 Park Lane, Long Beach."

"Un equipo de rescate estará ahí de cinco a diez minutos."

"Gracias." Enrique regresó a la sala donde estaba sentada su abuela. Tomó la mano de su abuelita hasta que llegó el equipo de rescate.

Story

Calling 911

Enrique came home from school and found his grandmother sitting in a chair. She would not wake up. Enrique was scared. He called 911. "Emergency Services. What's your emergency?"

"My grandmother will not wake up. I came home from school and found her sitting in her chair. I tried to wake her up."

"What is the address where you are?"

"I am at my grandmother's house. Her address is 845 Park Lane, Long Beach."

"A rescue crew will be there in five to ten minutes."

"Thank you." Enrique went back to the living room where his grandmother was sitting. He held his grandmother's hand until the rescue crew arrived.

Fill in the Blank * Llene el Espacio

Fill in the blanks using the vocabulary words. Use each word once.

1. Enrique va a ______________________ la llegada del equipo de rescate.
2. Su abuela estará bien en ____________________ días.
3. Catalina fue a la ___________________________ para comer algo.
4. Un ____________________ es un grupo de personas.
5. Alguien dejó el frasco de medicina en el __________.
6. Notifique de inmediato al maestro si hay un cambio en la _________________________________ del niño.
7. Llame al centro de __________________si sospecha que alguien tocó, bebió,o comió el veneno.
8. Hay un _______________________ de medicina en el gabinete del baño.
9. El equipo de ___________________________ llegó en cinco minutos.
10. Gracias por su ________________________________.
11. Hay que guardar la calma en una _______________.
12. ¿Sabe que número ________________________ para pedir ayuda en una emergencia?

Verbs
The Subjunctive

Subjunctive implies subjectivity. If there is the possibility that the action about which a person is speaking has not or may not take place then it is necessary to use the subjunctive. Because of the indefinite nature of the subjunctive it is almost always in a dependent clause. The only time the subjunctive is not used is when there is no change of subject in the sentence.

The following are the personal endings for the subjunctive.

hablar (to speak) – hable, hables, hable, hablemos, habléis, hablen
comer (to eat) – coma, comas, coma, comamos, comáis, coman
vivir (to live) – viva, vivas, viva, vivamos, viváis, vivan

Fill in the blank with the correct subjunctive form of the indicated verb.

1. Yo quiero que Uds. ____________________ . (ayudar)
2. Mi mamá prefiere que nosotros ____________________ a las ocho. (llamar)
3. Mi papá espera que yo ____________________ el juego de béisbol. (observar)
4. Yo tengo miedo que tú ________________ tarde. (llegar)
5. La maestra quiere que los estudiantes ________________ la novela. (leer)
6. Mis padres prohiben que mi hermano ________________ en casa. (fumar)
7. Mi abuela quiere que mi hermano y yo ________________ en tren. (viajar)
8. Mi tía insiste en que yo ____________ en su casa. (comer)

Verbs/The Subjunctive
Irregular Verbs

The following is the present subjunctive of some irregular verbs. The subjunctive endings are: a, as, a, amos, áis, an for these verbs.

decir (to tell, say) – diga	hacer (to make, do) – haga
oír (to hear) – oiga	poner (to put, set) – ponga
tener (to have) – tenga	salir (to leave) – salga
venir (to come) – venga	conocer (to know) – conozca

Fill in the blank with the correct form of the subjunctive of the indicated verb.

1. Mi mamá quiere que nosotros ______________________ a la cocina. (venir)
2. Yo quiero que tú __________________ el frasco. (tener)
3. Mi tía prefiere que Uds. ______________________ los frascos en el gabinete. (poner)
4. Ella prefiere que nosotros ____________ temprano. (salir)
5. ¿Por qué mandas que yo __________ a tu casa? (venir)
6. La abuela tiene miedo de que los niños _____________ tarde para la escuela. (salir)
7. Yo espero que el doctor no ______________________ una emergencia. (tener)
8. Mi hermano teme que tú no le ______________ . (conocer)

Verbs/Subjunctive
Stem-Changing Verbs

Several verbs are stem changing in the subjunctive and present indicative. Below are three stem changing verbs with subjunctive endings.

poder (to be able) – pueda, puedas, pueda, podamos, podáis, puedan
dormir (to sleep) – duerma, duermas, duerma, durmamos, durmáis, duerman
pedir (to ask) – pida, pidas, pida, pidamos, pidáis, pidan

Fill in the blank with the correct form of the subjunctive of the indicated verb.

1. Es necesario que el perro ____________________ en la cocina. (dormir)
2. Es difícil que nosotros ______________ la música. (oír)
3. Es posible que tú lo ____________________ . (pedir)
4. Es bueno que mis padres ____________________ con la maestra. (hablar)
5. Estoy contento de que mi hermano ________________ salir. (poder)
6. Es necesario que yo ______________ más. (estudiar)
7. Es bueno que tú ________________ la carta. (escribir)
8. Es necesario que nosotros ______________________ la mesa a las seis. (poner)

Answer Key * Las Respuestas

Fill in the Blank * Llene el Espacio (page 84)

1. observar
2. dos
3. cocina
4. equipo
5. gabinete
6. conducta
7. control de envenenamientos
8. frasco
9. rescate
10. ayuda
11. emergencia
12. llamar

Verbs – The Subjuctive (page 85)

1. ayuden
2. llamemos
3. observe
4. llegues
5. lean
6. fumen
7. viajemos
8. coma

Verbs/The Subjunctive – Irregular Verbs (page 86)

1. vengamos
2. tengas
3. pongan
4. salgamos
5. venga
6. salgan
7. tenga
8. conozcas

Verbs/Subjunctive – Stem-Changing Verbs (page 87)

1. duerma
2. oigamos
3. pidas
4. hablen
5. pueda
6. estudie
7. escribas
8. pongamos

Lección 12 Una visita al banco
Lesson 12 A Visit to the Bank

Lista de Vocabulario	Vocabulary List
1. dinero	1. money
2. cuenta de ahorros	2. savings account
3. cuenta de cheques	3. checking account
4. abrir	4. to open
5. número de seguro social	5. social security number
6. transferir	6. to transfer
7. interés	7. interest
8. tarifa	8. fee
9. balance mínimo	9. minimum balance
10. depositar	10. to deposit
11. cheques	11. checks
12. cargo por servicio	12. service charge

Conversación

1. Hola, deseo abrir una cuenta de cheques. (Thelma)
2. Gracias por escoger nuestro banco. (empleado del banco)
3. Tengo $500 para depositar en mi nueva cuenta de cheques. (T)
4. No hay cargo mensual por servicio si mantiene un balance mínimo en su cuenta de cheques. Por favor revise este libro y escoja un diseño para sus cheques. (edb)
5. ¿Cuándo llegarán mi chequera y cheques nuevos? (T)
6. Llegarán en tres semanas. Mientras tanto puede usar estos cheques temporales. ¿Qué información desea que pongamos en sus cheques? (edb)
7. Quiero que pongan mi nombre y domicilio en mis cheques. ¿Cómo puedo depositar dinero en mi cuenta? (T)
8. Puede enviarlo por correo, usar la ATM (máquina cajera automática), o venir al banco. (edb)
9. Depositaré el cheque de mi sueldo por correo. Gracias por su ayuda. (T)
10. Gracias a usted. El banco agradece su negocio. (edb)

Conversation

1. Hello. I want to open a checking account. (Thelma)
2. Thank you for selecting our bank. (bank clerk)
3. I have $500 to deposit into my new checking account. (T)
4. There is no monthly service charge if you keep the minimum balance in your checking account. Please look through this book and pick out the design for your checks. (bc)
5. How soon will my new checks and checkbook arrive? (T)
6. They will arrive in three weeks. Until then you can use these temporary checks. What information do you want on your checks? (bc)
7. I want my name and address on my checks. How can I deposit money into my account? (T)
8. You can send it by mail, use the ATM (automatic teller machine), or come into the bank. (bc)
9. I will deposit my paycheck by mail. Thank you for your help. (T)
10. Thank you. The bank appreciates your business. (bc)

Historia

Apertura de una cuenta de ahorros

María y Miguel van al banco a abrir una cuenta de ahorros para la educación universitaria de sus hijos. Hablan con un empleado del banco. Desean abrir su cuenta de ahorros con $500. El empleado del banco les pregunta sus números de seguro social. Planean depositar $200 al mes en esta cuenta de ahorros. Usarán la ATM para hacer los depósitos. Ya tienen tarjetas para la ATM. Su estado bancario mensual mostrará cuánto dinero tienen en su cuenta de ahorros y cuánto interés han ganado. En esta cuenta de ahorros no se cobran tarifas mensuales ni se necesita un balance mínimo. Pueden transferir dinero desde esta cuenta a su cuenta de cheques si lo necesitan. Pero María y Miguel planean no usar este dinero sino hasta que sus hijos vayan a la universidad.

Story

Opening a Savings Account

Maria and Miguel go to the bank to open a savings account for their children's college education. They speak with a bank clerk. They want to open their savings account with $500. The bank clerk asks for their social security numbers. They plan to deposit $200 a month into this savings account. They will use the ATM to make their deposits. They already have ATM cards. Their monthly bank statement will show how much money is in their savings account and how much interest they have earned. With this savings account there is no monthly fee and no minimum balance. If they need to transfer money from this account to their checking account, they can do so. But Maria and Miguel plan not to use this money until their children go to college.

Fill in the Blank * Llene el Espacio

Fill in the blanks using the vocabulary words. Use each word once.

1. ¿Va a ____________________ una cuenta de ahorros o una cuenta de cheques?
2. Él va a ______________________ $100 de su cuenta de cheques a su cuenta de ahorros.
3. Habrá una ___________________ si el saldo mínimo es menos de $100.
4. Thelma quiere abrir una ____________________________.
5. María y Miguel abren una __________________________.
6. Esta cuenta no tiene tarifa ni ____________________.
7. Mi ______________________________ es el 710-22-0000.
8. El ___________________________ para esa cuenta será cobrado cada mes.
9. ¿Cuánto _____________ gana esa cuenta en un año?
10. ¿Quiere ordenar ___________________________ con el diseño de flores?
11. _______________ su cheque en la abertura proveida.
12. Hace docientos años, la mayoría de la gente no guardó ______________________________ en un banco.

Stem Changing Verbs

The following are stem changing verbs with present tense endings.

empezar (to start, begin) – empiezo, empiezas, empieza, empezamos, empezáis, empiezan
jugar (to play) – juego, juegas, juega, jugamos, jugáis, juegan
venir (to come) – vengo, vienes, viene, venimos, venís, vienen

PT – Present Tense	IT – Imperfect Tense	PRT – Preterite Tense
FT – Future Tense	CT – Conditional Tense	ST – Subjunctive Tense

Fill in the blank with the correct form of the indicated verb and tense.

1. ¿A qué hora ______________________ tú? (venir PT)
2. Ayer mis amigos __________ con el profesor. (hablar PRT)
3. Mi mamá teme que nosotros no ___________ . (dormir ST)
4. Ellos ____________________ en el pueblo pero no tiene una escuela secundaria. (vivir CT)
5. Es una lástima que ella no _____________ el libro. (leer ST)
6. Juan _____________________ aquí todos los días. (venir IT)
7. ¿Por qué no ________________ tú en el parque? (jugar PT)
8. Yo no __________________ en casa esta noche. (comer FT)
9. Nosotros ____________________ en seguida. (empezar PT)
10. Anoche yo _______________ por dos horas. (estudiar PRT)

Interrogatives

The following are the most commonly used interrogative words to introduce questions. All interrogative words carry a written accent. In Spanish the verb comes before the subject in interrogative sentences.

¿Qué? – What?	¿Cuándo? – When?
¿Dónde? – Where?	¿Adónde? – To where?
¿Cuánto? – How much?	¿Quién? ¿Quiénes? – Who?
¿A quién? ¿A quiénes? – Whom?	¿Cómo? – How?

Write questions using an interrogative word for the following sentences. Use the italicized words to determine the question.

Example: La falda *cuesta diez dólares*.

¿Cuánto cuesta la falda? ______________________

1. Mi abuela *viene hoy*.

   ____

2. Mi familia *va a las montañas* cada verano.

   ____

3. Los cheques *están en la mesa*.

   ____

4. *Marco* trabaja en el banco.

   ____

5. Mi hermana está *enferma*.

   ____

6. *Hay una camisa* en la bolsa.

   ____

7. *Los niños* están en el parque.

   ____

Por and Para

The prepositions *por* and *para* have very specific uses in Spanish. *Por* has many different uses. *Para* is usually used with destination or limitation.

Fill in the blank with *por* or *para*.

1. El tren sale ______________________________ Los Angeles.
2. Compré esta camisa ____________________________ Jorge.
3. La niña entró __________________________ aquella puerta.
4. ¿ _________________________________ quién es esta carta?
5. Yo necesito el dinero _________________________ mañana.
6. Mi papá fue al mercado __________________________ leche.
7. El invierno pasado viajamos ___________________ México.
8. Los niños entraron _________________________ la ventana.
9. Mis padres estuvieron en California _________ ocho años.
10. Trajimos un regalo __________________________ mi abuelo.

Para is used to express a comparison of inequality. *Por* is used to indicate measure or number.

11. ____________________________ ser niño, corre muy rápido.
12. Ella lo vende ________________________________ docenas.
13. Mi tío quiere vender la casa _____________ quinientos mil.

Answer Key * Las Respuestas

Fill in the Blank * Llene el Espacio (page 92)

1. abrir
2. transferir
3. tarifa
4. cuenta de cheques
5. cuenta de ahorros
6. saldo mínimo
7. número de seguro social
8. cargo por servicio
9. interés
10. cheques
11. Deposite
12. dinero

Stem Changing Verbs (page 93)

1. vienes
2. hablaron
3. durmamos
4. vivirían
5. lea
6. venía
7. juegas
8. comeré
9. empezamos
10. estudié

Interrogatives (page 94)

1. ¿Cuándo viene mi abuela?
2. ¿Adónde va mi familia cada verano?
3. ¿Dónde están los cheques?
4. ¿Quién trabaja en el banco?
5. ¿Cómo está mi hermana?
6. ¿Qué hay en la bolsa?
7. ¿Quiénes están en el parque?

Por and Para (page 95)

1. para
2. para
3. por
4. Para
5. para
6. por
7. por
8. por
9. por
10. para
11. Para
12. por
13. por

Dictionary

Spanish - English

A

a - to, on
abajo - below
abarrotes - groceries
abuela - grandmother
abuelo - grandfather
acerca de - about
acostarse - to go to bed
adelante - forward; ahead
adiós - good-bye
aeroplano - airplane
afuera - out; outside
águila - eagle
ahora - now
al [a + el] - to the
algún(o) - some
allá - there; over there
almuerzo - lunch
alto(a) - high; loud
amar - to love
    amo - I love
amarillo - yellow
americano - American
amigo - friend
anaranjado - orange
andar - to walk
antes - before
añadir - to add
año - year
aprender - to learn
apurarse - to hurry up
aquel, aquello - that one
aquellos - those
aquí- here
área - area
arte - art
avión - airplane
ayuda - help
ayudar - to help
azúcar - sugar

B

bahía - bay
bandera - flag
baño - bath
barco - boat
bebé - baby
beber - to drink
beisbol - baseball
beso - kiss
bien - fine; O.K.
bistec - steak
boleto - ticket
bonito - pretty
brincar - to jump
    brincar la cuerda - to jump rope

C

cabeza - head
cachorro - puppy
cada - each; every
café - brown; coffee
calabaza - pumpkin
calle - street
cama - bed
cambiar - to change

cambio - change
camino - road
camisa - shirt
campana - bell
campo - field
cantante - singer
caricaturas - cartoons
carne - meat
caro - expensive
carro - car
carta - letter
casa - house
  casa de muñecas - dollhouse
catarro - cold
cazar - to hunt
cebolla - onion
celebrar - to celebrate
cena - dinner
cenar - to have dinner
  cena - he/she has dinner
  cenas - you have dinner
cepillar - to brush
cerca - nearby
cerveza - beer
cien - one hundred
cinco - five
cincuenta - fifty
cine - movie
cita - appointment; date
ciudad - city
cocina - kitchen
color - color
comer - to eat
  como - I eat
  comes - you eat
  come - he/she eats
  comemos - we eat
  coméis - you (plural) eat
  comen - they eat
comida - meal
comió - he/she ate
como - as; like
¿cómo? - how?
compra - purchase
comprar - to buy
  compramos - we buy
  compraron - they bought
  compró - he/she bought
con - with
  con cuidado - carefully
conducir - to drive
conductor - driver
conocer - to meet; to know
conversación - conversation
corte - court
cosa - thing
costar - to cost
costoso - expensive
crema - cream
cual - which
¿cuál? - which one?; what?
cuando - when
¿cuándo? - when?
¿cuánto? - how much?
¿cuántos? - how many?
cuarto - fourth
cuatro - four
cuento - story, tale
cuerda - rope
cuerpo - body
cuidado - care
cupón - coupon

Ch

cheque - check
chequera - checkbook
chistoso(a) - funny
chocolate - chocolate

D

dar - to give
doy - I give
das - you give
da - he/she gives
damos - we give
dais - you (plural) give
dan - they give
de - of; from
de veras - truly
deber - to have to
decidir - to decide
decir - to say; to tell
declarar - to declare
del [de + el] - of the
delicioso - delicious
departamento - department
depender - to depend
derecha - right side
desayuno - breakfast
desierto - desert
después - after; afterwards
di - I gave
día - day
día de fiesta - holiday
dientes - teeth
dieron - they gave
diez - ten
difícil - difficult
dijo - he/she said
dinero - money
dio - he/she gave
Dios - God
dirección - address
distinto - different
doble - double
docena - dozen
doctor - doctor
dólar - dollar
domingo - Sunday
donde - where
¿dónde? - where?
dormir - to sleep
duermo - I sleep
duermes - you sleep
duerme - he/she sleeps
dormimos - they sleep
dormís - you (plural) sleep
duermen - they sleep
dos - two
durante - during
durar - to last
duro - hard

E

edificio - building
ejemplo - example
ejercicio - exercise
el - the
él - he
ella - she
ello - it
ellos - they
empezar - to start
en - in; on
en adelante - from now on
enamorado - boyfriend
encontrar - to find
enfermo - sick
enfrente - in front
enseñar - to show; to teach
enseñó - he/she taught; he/she showed
entonces - then
entre - between
equivale - to be equivalent
era - he/she/it was
eran - they were
escribió - he/she wrote
escribir - to write

escritorio - desk
escuela - school
ese - that
eso - that
espacio - space
español - Spanish
esposa - wife
estación - season
estadio - stadium
estado - state
estar - to be
  estoy - I am
  estás - you are
  está - he/she/it is
  estamos - we are
  estáis - you(plural) are
  están - they are
esto - this
estrella - star
estudiante - student
estudiar - to study
exacto - exact
examen - test; exam
examinar - to examine
excelente - excellent

F

familia - family
favor - favor
  favor de - please
favorito - favorite
feliz - happy
fiebre - fever
fiesta - holiday
fin - end
final - final
forma - form; shape
formar - to form
  formar fila - to line up
fotografía - photograph
franja - stripe
frío - cold
fruta - fruit
fue - he/she/it went
fuiste - you went
fútbol - soccer
futuro - future

G

gallina - chicken; hen
galón - gallon
ganso - goose
gasolina - gasoline
gasolinera - gas station
gato - cat
gente - people
gobierno - government
gracias - thanks; thank you
grado - degree; grade
guardar cama - to stay in bed
guerra - war
gustar - to like

H

hablar - to speak; to talk
  hablo - I speak
  hablas - you speak
  habla - he/she speaks
  hablamos - we speak
  habláis - you (plural) speak
  hablan - they speak
hacer - to do; to make
hacha - axe
hamburguesa - hamburger
harina - flour
hasta - until

hay - there is; there are
hay que - it is necessary
hecho - made
helado - ice cream
hermana - sister
hermano - brother
hija - daughter
hijo - son
historia - history; story
hola - hello
hombre - man
hora - hour
hotel - hotel
hoy - today
huevo - egg

I

iglesia - church
igual - equal
iguales - matching
incluya - include
indicar - to indicate
indio - Indian
inglés - English
interesante - interesting
invierno - winter
ir - to go
voy - I go
vas - you go
va - he/she/it goes
vamos - we go
vais - you (plural) go
van - they go
ir de compras - to go shopping
irse - to go away

J

jalea - jelly
jefe - chief
juega - he/she plays
juego - game
jueves - Thursday
jugar - to play
jugando - playing
jugo - juice
juguete - toy

K

L

la - the
le - him, her, you; to him, to her, to you
lección - lesson
leche - milk
lechuga - lettuce
lectura - reading
leer - to read
legumbre - vegetable
levantarse - to get up; me levanto - I get up
ley - law
libra - pound
libreta - notebook
libro - book
licencia - license
licencia de manejar - driver's license
limpiar - to clean
lista - list
lo - him, you, it
lo cual - that which

luego - soon
lugar - place
lunes - Monday

LL

llamar - to call; to name
llamar por teléfono - to telephone
llamarse - to be called; me llamo - my name is
llave - key
llegar - to come
llenar - to fill; to fill out
llene el espacio - fill in the blank
llevar - to bring

M

madre - mother
maestro - teacher
mamá - mom
mandó - he/she sent
manejar - to drive
manera - manner; way
mano - hand
manual - manual; handbook
manzana - apple
mañana - morning; tomorrow
margarina - margarine
martes - Tuesday
más - more
matemáticas - mathematics; math
materia - subject
mayor - older
me - me
medicina - medicine
mejor - better
memoria - memory
menor - younger
mercado - market
mesa - table
mi - my
miércoles - Wednesday
mío - my; mine
mirar - to look
mismo - self
mitad - half
montañas - mountains
morado - purple
morir - to die
motor - motor
muchacha - girl
muchacho - boy
mucho - much; a lot
muchos - many
mudarse - to move
mujer - woman
multiplicación - multiplication
multiplicar - to multiply
muñeca - doll
muy - very

N

nací - I was born
nadar - to swim
naranja - orange
nariz - nose
náusea - nausea
necesitar - to need
necesita - he/she/it needs
negro - black
ni - neither
nieve - snow
niño - child; boy
niños- children
no - no

noche - night
nombrar - to name
nombre - name
nosotros - we
notar - to note; to observe
nuestro - our
nueve - nine
nuevo - new
número - number

Ñ

O

o- or
observar - to observe
obtener - to get
ocho - eight
oficina - office
oído - ear
ojo - eye
oración - sentence
oro - gold
otoño - fall; autumn
otro - another

P

padre - father
pagar - to pay
país - country
pan - bread
  pan tostado - toast
papa - potato
papá - dad
papel - paper
para - for; to; toward; in order to
parque - park
parte - part
pasar - to pass
  pasar lista - to call roll
pavo - turkey
pegar - to hit
película - movie
pelo - hair
pelota - ball
pensar - to think
pequeño - little
periódico - newspaper
permitir - to permit; to let
pero - but
perro - dog
persona - person
pescado - fish
pie - foot
pizarrón - board; blackboard
plátano - banana
playa - beach
poco - little
pollo - chicken
poner - to put
  pongo - I put
  pones - you put
  pone - he/she/it puts
  ponemos - we put
  ponéis - you (plural) put
  ponen - they put
ponerse - to put on
popular - popular
por - for; times
  por favor - please
¿por qué? - why?
porque - because
portarse - to behave
practicar - to practice
pregunta - question
preparar - to prepare
primer(o) - first
próximo - next
pueblo - town

Q

que - that
¿qué? - what?
quedarse - to stay
querer - to want
  quiero - I want
  quieres - you want
  quiere - he/she wants
  queremos - we want
  queréis - you (plural) want
  quieren - they want
¿quién? - who?
quítalo - take it out
quitar - to take away
quitarse - to take off

R

ratón - mouse
raya - line
realidad (en) - really
recámara - bedroom
recordar - to remember
recreo - recess
regalo - gift
regla - rule
regresar - to return
religión - religion
reloj - clock; watch
restaurante - restaurant
reunirse - to meet
revista - magazine
roca - rock
rojo - red
ropa - clothes; clothing

RR

S

sábado - Saturday
saber - to know
salir - to go out; to leave
sandía - watermelon
segundo - second
seis - six
semana - week
sentarse - to sit down
sentido - meaning
sentirse - to feel
señal - sign
señor - Mr.
señora - Mrs.
señorita - Miss
ser - to be
  soy - I am
  eres - you are
  es - he/she/it is
  somos - we are
  sois - you (plural) are
  son - they are
servir - to serve
si - if
sí - yes
  sí mismo - himself
siempre - always
siete - seven
simpático - nice
simplemente - simply
sin - without
sobre - over; on
solamente - only
sombrero - hat
sonar - to ring
sonido - sound
sopa - soup
su - your, his, her, its, their
sucio - dirty

supermercado - supermarket

T

taco - taco
también - also
tampoco - either
tarde - afternoon
tarea - job; homework
tarjeta - card
taza - cup
te - you
té - tea
telefonear - to telephone
teléfono - telephone
televisión - television
temperatura - temperature
temporada - season
temprano - early
tener - to have
  tengo- I have
  tienes - you have
  tiene - he/she/it has
  tenemos - we have
  tenéis - you (plura) have
  tienen - they have
  tener que - to have to
tercero - third
terminación - end
terminar - to finish
tía - aunt
tiempo - time
tienda - store
tío - uncle
tocar - to touch
tocino - bacon
todo - all
tomar - to take; to drink
  tomo - I take; drink
  tomas - you take; drink
vestido - dress
  toma - he/she takes; drinks
  tomamos - we take; drink
  tomáis - you (plural) take; drink
  toman - we take; drink
tomate - tomato
tostado - toasted
trabajar - to work
trabajo - work
traducir - to translate
traer - to bring; to take
tráfico - traffic
traje - suit
  traje de baño - bathing suit
trece - thirteen
tres - three
tu - your
tú - you
tuvo - he/she/it had

U

un(a) - a, an
uno - one
usar - to use
usará - he/she will use
usted - you
usualmente - usually
uva - grape

V

vehículo - vehicle
venir - to come
ver - to see
verano - summer
veras - truth
verdad - truth
verdaderamente - really
verde - green

vez - time
viajar - to travel
viaje - trip
viernes - Friday
visita - visit
visitar - to visit
vista - view
vivir - to live
  vivo - I live
  vives - you live
  vive - he/she lives
  vivimos - we live
  vivís - you (plural) live
  viven - they live
vocabulario - vocabulary
vosotros - you (plural)
voto - vote
voy - I go; me voy a - I am going to
voz - voice

W

X

Y

y - and
ya - already
yo - I

Z

zapato - shoe

Dictionary

English - Spanish

A

a - un, una
about - casi
address - dirección
after - después
afternoon - tarde
airplane - avión
all - todo
also - también
always - siempre; todo el tiempo
American - americano
an - un, una
and - y
answer - respuesta
any - alguno; ninguno
anything - alguna cosa
apple - manzana
appointment - cita
area - área
art - arte
as - como
at - en
aunt - tía
autumn - otoño
ax - hachas

B

baby - bebé
bacon - tocino
ball - pelota
banana - plátano
baseball - beisbol
bathing suit - traje de baño
bay - bahía
be (to) - ser ; estar
beach - playa
because - porque
bed - cama
bedroom - recámara
beer - cerveza
before - antes
behave (to) - portarse
bell - campana
belong to (to) - pertenecer
better - mejor
big - grande
black - negro
blacker - más negro
blackest - el más negro
blank - espacio
blue - azul
bluer - más azul
bluest - el más azul
board (blackboard) - pizarrón
boat - barco
book - libro
boy - muchacho
bread - pan
breakfast - desayuno
bring (to) - llevar; traer
brother - hermano
browner - más café
brownest - el más café
brush (to) - cepillar
building - edificio
but - pero
buy (to) - comprar
  buying - comprando
by - por

C

call (to) - llamar
call roll (to) - pasar lista
car - carro
card - tarjeta
carefully - con cuidado
carrot - zanahoria
cartoons - caricaturas
cat - gato
celebrate (to) - celebrar
cereal - cereal
change - cambio
change (to) - cambiar
check - cheque
checkbook - chequera
chicken - pollo; gallena
child - niño
children - niños
chocolate - chocolate
church - iglesia
clean - limpio
cleaner - más limpio
cleanest - el más limpio
clock - reloj
clothes - ropa
coffee - café
cold - catarro; frio
colder - más frío
coldest - el más frío
come (to) - venir; llegar
conversation - conversación
cost (to) - costar
country - país
coupon - cupón
cream - crema
cup - taza

D

dad - papá
daughter - hija
day - día
decide (to) - decidir
declare (to) - declarar
deer - venado
delicious - delicioso
department - departamento
depend (to) - depender
desert - desierto
desk - escritorio
die (to) - morir
difficult - difícil
dinner - cena
dirty - sucio
do (to) - hacer
doctor - doctor
dog - perro
dollar - dólar
dozen - docena
dress - vestido
drink (to) - beber, tomar
drive (to) - manejar; conducir
driver - conductor
driver's license - licencia de manejar
during - durante

E

each - cada
eagle - águila
early - temprano
eat (to) - comer
eating - comiendo
egg - huevo
eight - ocho
every - cada
everything - todo
exam - examen

examine (to) - examinar
excellent - excelente
expensive - costoso; caro
eye - ojo

F

fall - otoño
family - familia
father -padre
favorite - favorito
feel (to) - sentirse
fever - fiebre
field - campo
fifty - cincuenta
fine - bien; fino
finer - más fino
finest - el más fino
first - primero
fish - pescado
five - cinco
flag - bandera
flour - harina
flu - influenza
food -comida
foot - pie
for - por; para
found (to) - fundar
four - cuatro
Friday - viernes
friend - amigo
from - de
fruit - fruta
funny - chistoso(a)

G

gallon - galón
game - juego
gas station - gasolinera
gasoline - gasolina
geese - gansos
get (to) - obtener
  get up (to) - subirse; levantarse
gift - regalo
girl - muchacha
give (to) - dar
  giving - dando
go (to) - ir
  going - yendo
  go to bed - acostarse
God - Dios
gold - oro
good - bueno
  good morning - buenos días
good-bye - adiós
goose - ganso
grade - grado
grandfather - abuelo
grandmother - abuela
grape - uva
green - verde
greener - más verde
greenest - el más verde
groceries - abarrotes
grocery store - tienda de abarrotes
grow (to) - cultivar

H

hair - pelo
half - mitad
hamburger - hamburguesa
hand - mano
handbook - manual
happy - feliz
hat - sombrero
have (to) - tener
  have to (to) - tener que

he - él
he is - está; es
he does - hace
he eats - come
he goes - va
he has - tiene
he lives - vive
he plays - juega
he sleeps - duerme
he studies - estudia
he watches - mira
he works - trabaja
head - cabeza
hello! - ¡hola!
help (to) - ayudar
hen - gallena
her - su, sus
here - aquí
hi! - ¡hola!
high - alto
higher - más alto
highest - el más alto
him - le, lo, o con él
himself - él mismo
his - su, sus
hit (to) - pegar
holiday - día de fiesta
home - el hogar
homework - tarea
hotel - hotel
hour - hora
house - casa
how? - ¿cómo?
how many? - ¿cuántos?
how much? - ¿cuánto?
hunt (to) - cazar
hurry (to) - apurarse

I

I - yo
I am - soy; estoy
I do - hago
I eat - como
I go - voy
I have - tengo
I live - vivo
I play - juego
I sleep - duermo
I study - estudio
I watch - miro
I work - trabajo
ice cream - helado
if - si
in - en
interesting - interesante
it - ello
it's - ello es
its - de ello

J

jelly - jalea
join - juntarse
juice - jugo
jumprope - cuerda para brincar

K

key - llave
kitchen - cocina
know (to) - saber

L

later - más tarde
learn (to) - aprender
lesson - lección

letter - carta
lettuce - lechuga
license - licencia
like (to) - gustar
line up (to) - formar fila
little - pequeño
littler - más pequeño
littlest - el más pequeño
live (to) - vivir
    living - viviendo
long - largo
lots - muchos
loud - alto
love (to)- amar
lunch - almuerzo

M

magazine - revista
make (to) - hacer
    making - haciendo
man - hombre
many - muchos
margarine - margarina
market - mercado
matching - iguales
math - matemáticas
mathematics - matemáticas
me - me; a mí
meat - carne
medicine - medicina
meet (to) - conocer; reunirse
men - hombres
mice - ratones
milk - leche
Miss - señorita
mom - mamá
Monday - lunes
money - dinero
more - más
morning - mañana
mother - madre
motor - motorizado
mountains - montañas
mouse - ratón
mouth - boca
move - mudarse
movie - cine; pelicula
Mr. - señor
Mrs. - señora
much - mucho
multiplication - multiplicación
my - mi, mis; mío, míos

N

name - nombre
near - cerca
nearby - cerca
need (to) - necesitar
new - nuevo
newspaper - periódico
next - próximo
nice - simpático
night - noche
nine - nueve
not - no
now - ahora
number - número

O

o'clock- del reloj
of - de
office - oficina
O.K. - bien; ¡Bueno!
older - mayor
on - en, encima de
one - uno

onion - cebolla
only - solamente
or - o
orange - naranja; anaranjado
order - orden
other - otro
our - nuestro
out - fuera; afuera
own - propio

P

paper - papel
park - parque
part - parte
pass (to) - pasar
pay (to) - pagar
penny - centavo
people - personas
person - persona
photograph - fotografía
place - lugar
play - jugar
  playing - jugando
please - por favor
popular - popular
potato - papa
pretty - bonito
pumpkin - calabaza
puppy - cachorro
purple - morado
put (to) - poner
  put on (to) - ponerse

Q

question - pregunta

R

read (to) - leer
reading - lectura
really - en realidad
recess - recreo
red - rojo
religion - religión
restaurant - restaurante
return - regresar
Right! - ¡Bien!
ring (to) - sonar
road - camino
rock - roca
room - cuarto
rope - cuerda

S

same - mismo
Saturday - sábado
say (to) - decir
school - escuela
season - estación; temporada
see (to) - ver
sentence - oración
serve (to) - servir
set the table (to) - poner la mesa
seven - siete
she - ella
  she is - está; es
  she does - hace
  she eats - come
  she goes - va
  she has - tiene
  she lives - vive
  she sleeps - duerme
  she studies - estudia
  she works - trabaja
shirt - camisa

shoe - zapato
sick - enfermo
sicker - más enfermo
sickest - el más enfermo
sign - señal
singer - cantante
sister - hermana
sit (to) - sentarse
six - seis
sleep (to) - dormir
  sleeping - durmiendo
small - pequeño
smaller - más pequeño
smallest - el más pequeño
so - entonces
soccer - fútbol
some - alguno; unos
son - hijo
soup - sopa
Spanish - español
Stadium - estadio
star - estrella
start (to) - empezar
state - estado
stay (to) - quedarse
  stay in bed (to) - guardar cama
steak - bistec
stop (to) - detenerse
store - tienda
story - historia; cuento
stripe - franja
student - estudiante
study (to) - estudiar
  studying - estudiando
subject - materia; sujeto
sugar - azúcar
suit - traje
summer - verano
Sunday - domingo
supermarket - supermercado
swim (to) - nadar

T

table - mesa
taco - taco
take (to) - tomar
  take off (to) - quitarse
talk (to) - hablar
tea - té
teacher - maestro
teeth - dientes
telephone - teléfono
television - televisión
tell (to) - decir
temperature - temperatura
ten - diez
test - examen
thank you - gracias
  thanks - gracias
that - ese, eso, aquel
the - el, la, lo, los, las
their - su, sus
them - los, las
then - entonces; luego
there - allá
  there are - hay
therefore - por eso
they - ellos, ellas
  they are - son; están
  they do - hacen
  they eat - comen
  they go - van
  they have - tienen
  they live - viven
  they play - juegan
  they sleep - duermen
  they study - estudian
  they work - trabajan
thing - cosa
think (to) - pensar
thirteen - trece

this - este, esta, esto
those - aquellos
three - tres
Thursday - jueves
ticket - boleto
time - hora; tiempo
times - por
to - a
toast - pan tostado
today - hoy
tomato - tomate
tomorrow - mañana
too - también
touch (to) - tocar
town - pueblo
toy - juguete
traffic - tráfico
travel (to) - viajar
trip - viaje
truth - verdad
Tuesday - martes
turkey - pavo
TV - televisión
two - dos

U

uncle - tío
United States - Estados Unidos
until - hasta
up - arriba
use (to) - usar

V

vegetable - legumbre
vehicle - vehículo
verb - verbo
very - muy
whiter - más blanco
view - vista
visit (to) - visitar
visit - visita
vocabulary - vocabulario
voice - voz
vote - voto

W

walk (to) - andar
want (to) - querer
war - guerra
watch - reloj
watch (to) - mirar
  watching - mirando
watermelon - sandía
we - nosotros
  we are - somos; estamos
  we do - hacemos
  we eat - comemos
  we go - vamos
  we have - tenemos
  we live - vivimos
  we play - jugamos
  we sleep - dormimos
  we study - estudiamos
  we watch - miramos
  we work - trabajamos
Wednesday - miércoles
week - semana
well! - ¡bueno!
what - lo que
  what? - ¿qué?; ¿cuál?
when - cuando
  when? - ¿cuándo?
where - donde
  where? - ¿dónde?
which - lo que; lo cual
  which? - ¿cuál?
white - blanco

whitest - el más blanco
who - quien
  who? - ¿quién?; ¿quiénes?
why? - ¿por qué?
wife - esposa
winter - invierno
with - con
woman - mujer
women - mujeres
word - palabra
work - trabajo
work (to) - trabajar
wow! - ¡caramba!
write (to) - escribir

X

Y

year - año
yellow - amarillo
yellower - más amarillo
yellowest - el más amarillo
yes - sí
yet - ya
you - tú, usted
  you are - eres, es; estás, está
  you do - haces; hace
  you go - vas; va
  you have - tienes; tiene
  you live - vives; vive
  you play - juegas; juega
  you sleep - duermes; duerme
  you work - trabajas; trabaja
younger - menor
your - tu, tus, su, sus

Z

INDEX

Books Available From **FISHER HILL**
For Ages 10-Adult

ENGLISH READING COMPREHENSION FOR THE SPANISH SPEAKER Book 1

ENGLISH READING AND SPELLING FOR THE SPANISH SPEAKER Books 1, 2, 3, 4, 5 & 6

ENGLISH for the SPANISH SPEAKER Books 1, 2, 3, 4 & Cassettes

SPANISH made FUN and EASY Books 1 & 2

HEALTH Easy to Read

UNITED STATES OF AMERICA Stories, Maps, Activities in Spanish and English Books 1, 2, 3, & 4

English Reading Comprehension for the Spanish Speaker Book 1 contains twenty lessons to help Spanish-speaking students improve their reading comprehension skills. Each lesson includes two vocabulary pages, a visualization page, a fluency page, two comprehension skill pages, and an answer key. This is an excellent book to use after completing *English Reading and Spelling for the Spanish Speaker Book 1*. Price is $15.95, size is 8 1/2 x11 and 161 pages. ISBN 1-878253-37-9.

English Reading and Spelling for the Spanish Speaker Books 1, 2, 3, 4, 5 & 6 contain twenty lessons to help Spanish-speaking students learn to read and spell English. The books use a systematic approach in teaching the English speech sounds and other phonological skills. They also present basic sight words that are not phonetic. The word lists are in Spanish and English and all directions are in Spanish with English translations. Each book is $14.95 and approximately 142 pages. Book size is 8 1/2 x 11. Book 1 ISBN 1-878253-24-7, Book 2 ISBN 1-878253-25-5, Book 3 ISBN 1-878253-26-3, Book 4 ISBN 1-878253-29-8, Book 5 ISBN 1-878253-30-1, Book 6 ISBN 1-878253-35-2.

ENGLISH for the SPANISH SPEAKER Books 1, 2, 3, & 4 are English as a Second Language workbooks for ages 10 - adult. Each book is divided into eight lessons and is written in Spanish and English. Each lesson includes: vocabulary, a conversation, a story, four activity pages, an answer key, two dictionaries: English-Spanish and Spanish-English, a puzzle section, and an index. Each book is $12.95 and approximately 110 pages. Book size is 8 1/2 x 11. Book 1 ISBN 1-878253-07-7, Book 2 ISBN 1-878253-16-6, Book 3 ISBN 1-878253-17-4, Book 4 ISBN 1-878253-18-2; Book 1 Cassette ISBN 1-878253-21-2, Book 2 Cassette ISBN 1-878253-32-8, Book 3 Cassette ISBN 1-878253-33-6, Book 4 Cassette ISBN 1-878253-34-4.

SPANISH made FUN and EASY Books 1 & 2 are workbooks for ages 10 - adult. Each book includes stories, games, conversations, activity pages, vocabulary lists, dictionaries, and an index. The books are for beginning Spanish students; people who want to brush up on high school Spanish; or for Spanish speakers who want to learn how to read and write Spanish. Each book is $14.95 and 134 pages. Book size is 8 1/2 x 11. Book 1 ISBN 1-878253-42-5, Book 2 ISBN 1-878253-46-8.

HEALTH Easy to Read contains 21 easy to read stories. After each story is a vocabulary page, a grammar page, and a question and answer page. The stories are about changing people's life styles to reduce their risk of poor health and premature death. Book is $13.95 and has 118 pages. Book size is 8 1/2 x 11. ISBN 1-878253-41-7. Revised 2005.

United STATES of America Stories, Maps, Activities in SPANISH and ENGLISH Books 1, 2, 3, & 4 are easy to read books about the United States of America for ages 10 - adult. Each state is presented by a story, map, and activities. Each book contains information for 12 to 13 states and has an answer key and index. The states are presented in alphabetical order. Book size is 8 1/2 x 11. Each book is $14.95 and approximately 140 pages.

Book 1 ISBN 1-878253-23-9 Alabama through Idaho
Book 2 ISBN 1-878253-11-5 Illinois through Missouri
Book 3 ISBN 1-878253-12-3 Montana through Pennsylvania
Book 4 ISBN 1-878253-13-1 Rhode Island through Wyoming

ORDER FORM

1. By Phone: Call 714-377-9353 or 800-494-4652 8:00 A.M. to 5:00 P.M. Pacific Time. **2.** By Fax: Fax your order to 714-377-9495.
3. By Mail: Send your order to Fisher Hill. **4.** On line: www.Fisher-Hill.com (Also view sample lessons.)

Name: ______________________________

Address: ______________________________

____

Purchase Order Number: ______________________________

Credit Card Number and Expiration Date: ______________________________

We accept Visa and Mastercard only. Please include cardholder's name.

QUANTITY	BOOK TITLE	RETAIL PRICE	AMOUNT
	English Reading Comprehension for the Spanish Speaker Book 1	$15.95	
	English Reading and Spelling for the Spanish Speaker Book 1	$14.95	
	English Reading and Spelling for the Spanish Speaker Book 2	$14.95	
	English Reading and Spelling for the Spanish Speaker Book 3	$14.95	
	English Reading and Spelling for the Spanish Speaker Book 4	$14.95	
	English Reading and Spelling for the Spanish Speaker Book 5	$14.95	
	English Reading and Spelling for the Spanish Speaker Book 6	$14.95	
	Diccionario Español-Inglés	$5.99	
	English For The Spanish Speaker Book 1	$12.95	
	English For The Spanish Speaker Book 1 Cassette	$10.95	
	English For The Spanish Speaker Book 1 and Cassette	$21.95	
	English For The Spanish Speaker Book 2	$12.95	
	English For The Spanish Speaker Book 2 Cassette	$10.95	
	English For The Spanish Speaker Book 2 and Cassette	$21.95	
	English For The Spanish Speaker Book 3	$12.95	
	English For The Spanish Speaker Book 3 Cassette	$10.95	
	English For The Spanish Speaker Book 3 and Cassette	$21.95	
	English For The Spanish Speaker Book 4	$12.95	
	English For The Spanish Speaker Book 4 Cassette	$10.95	
	English For The Spanish Speaker Book 4 and Cassette	$21.95	
	HEALTH Easy to Read	$13.95	
	USA Stories, Maps, Activities in Spanish & English Book 1	$14.95	
	USA Stories, Maps, Activities in Spanish & English Book 2	$14.95	
	USA Stories, Maps, Activities in Spanish & English Book 3	$14.95	
	USA Stories, Maps, Activities in Spanish & English Book 4	$14.95	
	SPANISH made FUN & EASY Book 1	$14.95	
	SPANISH made FUN & EASY Book 2	$14.95	

Fisher Hill
5267 Warner Ave., #166
Huntington Beach, CA 92649-4079
www.Fisher-Hill.com

Phone
714-377-9353
800-494-4652
Fax
714-377-9495

TOTAL ______________

Add 7.75% for shipments to California addresses. SALES TAX ______________

Add 10% of TOTAL for shipping. SHIPPING ______________

PAYMENT ______________

BALANCE DUE ______________

Fisher Hill books are developed by teachers with Master's degrees in Education and a combined 40 years of teaching experience.
Orders are sent by United Parcel Service. Add 10% of total for shipping.
All products are guaranteed. If you are not happy with an item, send it back for a full refund. All returned materials must be received in perfect condition.